MAGIE.
Du bist sie. Sei sie.

Gary M. Douglas & Dr. Dain Heer

ACCESS CONSCIOUSNESS
PUBLISHING

Originaltitel: Magic. You Are It. Be It.
Zweite Auflage
Copyright © 2013 Gary M. Douglas and Dr. Dain Heer
Erstmals 2011 erschienen bei Big Country Publishing
www.accessconsciousnesspublishing.com

Magie. Du bist sie. Sei sie.
Copyright © 2020 Gary Douglas und Dr. Dain Heer
ISBN: 978-1-63493-398-8
Access Consciousness Publishing

Umschlaggestaltung: Katarina Wallentin
Gestaltung des rückseitigen Umschlags: Chelsi Sucrese
Titelbild © Kateleigh dreamstime.com
Buchgestaltung: Anastasia Creatives
Im Buch verwendete Bilder © Chelsi Sucrese

Aus dem Englischen übersetzt von Katharina Luise Lummel

Inhaltsverzeichnis

Einleitung

Von Gary Douglas

Ich bin Gary Douglas, der Gründer von Access, einem Unternehmen zur Energietransformation, das Menschen Werkzeuge an die Hand gibt, mit denen sie ihre Begrenzungen und Unzulänglichkeiten loswerden und einige ziemlich erstaunliche und wunderbare neue Möglichkeiten für sich selbst kreieren können.

Ich begann im Jahr 1990, das Bewusstsein, die Energie und andere Aspekte dieser wilden, verrückten Welt zu erkunden, nachdem mir klar wurde, dass ich nicht glücklich mit meinem Leben war. Ich hatte Autos, Häuser und Erfolg und war an einem Punkt angelangt, an dem mir nichts davon etwas bedeutete. Ich hatte alles, was in dieser Realität als wertvoll angesehen wurde – und dennoch reichte es mir noch nicht.

Meiner Erfahrung nach bestand das Leben aus viel harter Arbeit, viel Anstrengung, viel Trauma, Drama, Aufregung und Intrige – und nicht besonders viel Freude. Ich wusste, dass es mehr im Leben geben musste, sonst gäbe es keinen Grund zu leben. Es musste mehr geben, als diese Realität zu bieten hatte, weil nichts daran magisch, freudvoll oder expansiv war. Ich begann, nach Antworten zu suchen, was mich einige ziemlich interessante Pfade einschlagen ließ. Am Anfang stand der Gedanke, dass ich wissen wollte, wie ich Magie in meinem Leben finden könnte. Damals war mir nicht klar, dass uns Magie umgibt; sie ist etwas, das wir kreieren. Obwohl sich in meinem Leben einige erstaunliche Dinge zeigten – zack-zack-zack, sobald ich nach ihnen fragte –, sah ich nicht die Magie, die ich kreiert hatte.

Seitdem habe ich gelernt, anders über das Universum, das Bewusstsein und das Einssein, das wir alle sind, und über die Magie, die allem innewohnt, zu denken. Auf diese Weise konnte ich einige enorme Veränderungen in meinem Leben herbeiführen und anderen Menschen dabei helfen, ihr Leben ebenfalls zu ändern.

Als ich ein kleiner Junge war, fragten mich die Leute: „Was möchtest du werden, wenn du groß bist?"

> Ich sagte: „Ich möchte glücklich sein."
> Sie sagten: „Nein, nein, nein, mein Sohn. Was möchtest du werden, wenn du groß bist?"
> Ich sagte: „Glücklich."
> Sie sagten: „Nein, nein. Möchtest du Arzt oder Anwalt oder Indianerhäuptling werden?"
> Ich sagte: „Ja klar, solange ich glücklich bin."

Auf diesen Seiten teilen mein Freund und Co-Autor Dr. Dain Heer und ich Prozesse und Werkzeuge, die uns die Magie des Glücklichseins näherbringen – ebenso wie alles andere, was du zu kreieren wünschst. Unser Access-Seminar über Magie, das wir in verschiedenen Städten überall in den USA, Costa Rica, Neuseeland und Australien abhielten, bildet die Grundlage für dieses Buch. Jetzt, da ich die wahre Magie des Lebens verstehe, ist Glücklichsein real.

Von Dr. Dain Heer

Mein Name ist Dain Heer. Bevor ich Access entdeckte, schien ich von außen betrachtet vielleicht erfolgreich, innen drin jedoch war ich unglücklich mit mir und meinem Leben. Ich lebte mit meiner Freundin zusammen und arbeitete als Chiropraktiker in einer kleinen Strandgemeinde in der Nähe von Santa Barbara. Leute, die mein Leben von außen betrachteten, hielten es für perfekt, aber ich war so dermaßen unglücklich, dass ich jeden Morgen, wenn meine Freundin das Haus verließ, im Bett lag und weinte. Ich hatte keine Ahnung, wie ich mein Leben auf die Reihe bekommen sollte oder all die Träume kreieren oder verwirklichen konnte, die ich schon so lange hatte.

Ich habe vermutlich zwanzig oder dreißig verschiedene Prozesse und Systeme zur Verbesserung meines Lebens ausprobiert, und sicherlich hätte eines davon mein Leben verbessern sollen, doch immer wieder rannte ich gegen eine Mauer. Ich fing an zu verzweifeln. Ich wusste, dass es eine Antwort geben musste, aber ich wusste nicht, wo ich sie finden sollte, und am Ende schien Selbstmord die bestmögliche Option zu sein. Eines Tages sagte ich voller Verzweiflung: „Universum, du hast sechs Monate, dann bringe ich mich um." Ich war des Kampfes müde.

Eine Woche später sah ich eine Kleinanzeige in der Wochenzeitung, die lautete: „Access. Alles im Leben kommt zu mir mit Leichtigkeit, Freude und Herrlichkeit. Rufe Shannon an."

Ich sagte: „Leichtigkeit, Freude und Herrlichkeit? Eine lebensfrohe Optimistin hat eine verd...mmte Anzeige aufgegeben. F...ck dich", und ich schmiss die Zeitung weg. Eine Woche später sah ich die gleiche Anzeige. „Access. Alles im Leben kommt zu mir mit Leichtigkeit, Freude und

Herrlichkeit. Rufe Shannon an." Dieses Mal schmiss ich die Zeitung nicht weg. Ich rief Shannon an und fragte: „Was genau machst du?"

Sie sagte: „Oh, ich mache diese Sache namens Access. Ich lege meine Hände an deinen Kopf. Es ist ein Körperprozess namens Bars. Es kann zwischen einer und eineinhalb Stunden dauern. Schlimmstenfalls wirst du dich fühlen, als ob du eine gute Massage hattest, bestenfalls wird sich dein ganzes Leben ändern."

Ich dachte bei mir: „Mein ganzes Leben sollte sich besser ändern, andernfalls bringe ich mich verdammt noch mal um."

Ich war skeptisch, beschloss aber, es auszuprobieren. Shannon kam in meine Praxis und begann mit den Bars. In dem Moment, in dem sie ihre Hände an meinen Kopf legte, fing ich an, wie ein kleines Kind zu kichern, und ich hörte während der gesamten Sitzung nicht auf zu kichern – eine Stunde und fünfzehn Minuten lang. Nach der Sitzung nahm ich zum ersten Mal seit zweieinhalb Jahren ein Gefühl von Frieden wahr. Ich stand von der Massageliege auf und ich erinnere mich, dass ich zum ersten Mal in meinem Leben wahrhaftig wusste, dass alles in Ordnung ist – alles war immer in Ordnung gewesen und alles würde es immer sein.

Diese Sitzung rettete mir das Leben. Ich begann, einmal die Woche zu Shannon zu gehen, und jedes Mal, wenn wir zusammen arbeiteten, veränderte sich mein Leben, ich konnte es sehen. Ich begann, morgens mit einem Gefühl der Freude und der Möglichkeit aufzuwachen, statt mit: „Oh Mann, ich kann es nicht abwarten, diesen Planeten zu verlassen."

Access war ein erstaunliches Geschenk für mich, und durch die

Verwendung der Prozesse und Werkzeuge zeigte sich Magie in meinem Leben. Ich frage jetzt nach etwas, und es zeigt sich – doch die wahre Magie ist die Fähigkeit, die Freude zu haben, die möglich ist, die Freude, die kreiert werden kann, die Freude, die das Leben sein kann.

Sicherlich, bei Magie geht es um die Freude, dass sich die Dinge, die du dir wünschst, in deinem Leben zeigen. Doch in einem wesentlich größeren Maßstab geht es bei Magie um die Erfahrung von Bewusstsein, nicht als Anhängsel deines Lebens oder etwas, das anstatt deines Lebens passiert. Bei Magie geht es um Bewusstsein als dein Leben. Es geht nicht darum, in einer Höhle zu meditieren, fernab vom Leben, um Bewusstsein zu haben. Du solltest während jedes Moments, in dem du am Leben bist, aus Bewusstsein heraus funktionieren. Wenn du das tust, wird dein Leben wahrhaft magisch und es gibt nichts, das du nicht kreieren kannst. Das ist das Schöne daran.

In diesem Buch teilen wir viele Dinge, die wir über Magie gelernt haben: Werkzeuge, Prozesse und Möglichkeiten, die du dazu verwenden kannst, um in jedem Moment, in dem du auf diesem Planeten lebst, aufwachst, atmest, und in jedem anderen intensiven Moment, als Bewusstsein zu funktionieren.

Magie

Kapitel eins

Magie in deinem Leben kreieren

Im Gegensatz zu dem, was viele Menschen denken, geht es bei Magie nicht um das Kontrollieren oder Vorhersagen von Naturereignissen, es geht nicht darum, alles dann zu bekommen, wenn du es haben möchtest, und es geht auch nicht um Zaubersprüche, Rituale und Tricks. Es gibt viele metaphysische Systeme, die dich Tricks lehren, wie beispielsweise Leute anzuhauchen und sie dadurch zum Umfallen zu bringen. Leute mit einem Lebenshauch umfallen zu lassen und diese Art von Dingen sind sehr interessant, doch sie haben nichts mit Bewusstsein und nichts mit der wahren Magie des Lebens zu tun, nämlich der Fähigkeit, alles zu empfangen. Das Universum ist ein erstaunlicher Ort voller Überfluss, falls du es nicht bemerkt haben solltest.

Hast du jemals wirklich einen Baum mit all seinen Blättern betrachtet? Es ist eine geradezu unerhörte Fülle. Überlege einmal: Geht das Universum jemals sparsam mit etwas um? Sagt das Universum jemals: *„Oh, weißt du, wir haben gerade einen Blättermangel. Baum, kannst du auch ohne sein?"* Nein. Das Universum gibt dem Baum alles, was es zu bieten hat, und der Baum empfängt es ohne Vorbehalt. Und das ist die Magie.

Bei Magie geht es nicht um den Gebrauch von Kraft und Anstrengung

Eines der Dinge, über die wir in diesem Buch sprechen, ist zu lernen, eher der Energie zu folgen, als sie zu erzwingen. Bei Magie geht es nicht um den Gebrauch von Kraft und Anstrengung, um Dinge in deinem Leben geschehen zu lassen.

Vor Jahren war ich (Gary) in der Immobilienbranche tätig und schloss pro Monat einen Treuhandvertrag ab. Ich kam mit den Vertragsabschlüssen nie in Verzug. Ich konnte mir nicht erlauben, sie zu spät abzuschließen, weil ich das Geld brauchte. Ich kontrollierte, dominierte und manipulierte die Banken, die Kreditsachbearbeiter, die Treuhänder und die Kunden und hielt jedes Abschlussdatum pünktlich ein. Während der acht Jahre, in denen ich in der Immobilienbranche war, kam es bei nur drei Verträgen zu keinem Abschluss.

Während dieser Zeit besuchte ich ein Immobilienseminar und der Seminarleiter fragte: „Wie viele von euch haben im letzten Jahr drei Treuhandverträge abgeschlossen?" Alle im Seminar hoben ihre Hand. Dann fragte er: „Wie viele von euch haben sechs abgeschlossen?" Weniger als die Hälfte der Teilnehmer hob die Hand. Als Nächstes fragte er: „Wie viele von euch haben neun abgeschlossen?" Fünf Teilnehmer hoben die Hand. Schließlich fragte er: „Wie viele von euch haben einen oder mehr pro Monat abgeschlossen?" Es waren zwei. Ich sagte mir: „Wow, ich dachte, ich sei ein Versager, und ich schließe mehr Treuhandverträge ab als alle anderen hier im Raum. Ich bin wohl ziemlich gut!"

Ich wusste jedoch, dass ich dies durch Kontrolle erreichte, und Kontrolle bedeutete, sicherzustellen, dass alles genau so lief, wie ich es wollte. Ich hatte alles fest im Griff. Ich rief täglich beim Treuhänder an. Ich wusste nicht, dass 25 % der Häuser, die an einen Treuhänder gehen, nicht zum Abschluss kommen. Ich wusste nicht, dass 90 % der Makler ihre Verträge an die Treuhänder gaben und bis zum Abschlussdatum nie wieder mit ihnen sprachen. Wie bitte? Wie kann man Dinge kontrollieren, wenn man nicht täglich mit den Leuten spricht? Ich erzähle das hier aus folgendem Grund: Ich war wirklich gut im Kontrollieren – und was ich mit der Zeit lernen musste, war, nicht zu kontrollieren, sondern stattdessen der Energie zu folgen.

Elefanten

Während des Tsunamis in Asien im Jahr 2004 gab es keine Todesopfer unter den Elefanten. Wusstest du das? Tage vor dem Tsunami bekamen die Elefanten die Information: *„Etwas Großes passiert"*, und sie sagten: „Wir werden nicht da sein, wenn es passiert. Wir sind groß, wir sind kräftig, wir können allen in den Hintern treten, und wisst ihr was? Wir sind jetzt weg. Bis später!"

Die Elefanten zerrissen all diese niedlichen kleinen Ketten, die Menschen ihnen anlegen, um sie anzubinden. „Entschuldige, ich reiße diesen 90 cm langen Pflock, an dem die Kette befestigt ist, jetzt aus dem Boden." Zack. „Tschüss!" Warum das? Die Elefanten waren bereit, die Information zu empfangen, die verfügbar war. Sie waren bereit, das zu empfangen, was das Universum ihnen mitteilte, und sie wussten: „Gegen einen Tsunami haben wir keine Chance, insbesondere dann nicht, wenn wir am Boden angekettet sind. Okay, wir sind jetzt weg." Für einen Elefanten ist es schwierig zu schwimmen, wenn er angekettet ist.

Bei Magie geht es um das Empfangen

Der springende Punkt ist, dass es bei Magie um das Empfangen geht. Wenn du alles kontrollieren musst, um dein Leben zu gestalten, wie viel Energie verlangt dir das ab? Die ganze Energie. Und wenn du damit beschäftigt bist, alles zu kontrollieren, wie sehr schränkt es das ein, was du kreieren und was du empfangen kannst? Es schränkt dich enorm ein. Was die meisten Menschen kreieren, basiert auf der Menge an Energie, die sie darauf verwenden, ständig alles zu kontrollieren. Aber was wäre, wenn du vom Empfangen aus kreieren würdest?

Gibt es eine endliche Menge dessen, was du empfangen kannst? Nein, die gibt es nicht. Du als unendliches Wesen hast die Fähigkeit, unendlich zu empfangen – und wenn du unendlich empfängst, kann sich Magie wahrhaft in deinem Leben zeigen. Aber um die Magie zu haben, musst du bereit sein zu empfangen.

Erkenne die Magie an

Einer der Gründe, warum Menschen denken, dass sie keine Magie in ihrem Leben haben, ist, dass sie sie abwerten, wenn sie sich zeigt. Sie denken: „Ich wünschte, ich könnte _____ haben", und es zeigt sich. Was machen sie dann? Erkennen sie an, dass sie die Magie kreiert haben? Nein. Sie sagen: „Oh, das war nur Zufall. Das war Glück. Es ist einfach so passiert." Sie sagen: „Oh, das war eine glückliche Verkettung von günstigen Umständen, auf die ich keinen Einfluss hatte, und das hatte nichts mit mir zu tun." Sie werfen die magische Wahrheit darüber weg. Rate mal, wie viel mehr Magie sich auf diese Art und Weise zeigt?

Wir arbeiteten kürzlich mit einem Freund, der Liedermacher ist. Wir baten ihn darum, auf sein Leben zurückzublicken und alle Momente auszumachen, in denen er an etwas dachte – und es sich zeigte. Jedes Mal, wenn er einen dieser magischen Vorfälle ausmachte, baten wir ihn, anzuerkennen, dass er es war, der sie kreiert hatte. Als er das tat, als er die Magie anerkannte, die er in der Vergangenheit kreiert hatte, zeigte sich mehr davon in seinem Alltag. Heutzutage, wenn er mit jemandem zusammenkommt, schreiben sie einen Song und am nächsten Tag wird er bereits aufgenommen. Erstaunliche Möglichkeiten eröffnen sich für ihn.

Das kann dir auch passieren. Wann hast du in deinem Leben an etwas gedacht oder gesagt: „Ich wünschte _____", und es zeigte sich?

In unseren Seminaren über Magie bitten wir unsere Teilnehmer, dies als Hausaufgabe zu machen: Schaue auf dein Leben zurück und schreibe all die Male auf, wenn du an etwas gedacht oder um etwas gebeten hast – und es wie durch Magie auftauchte. Dann – und das ist wichtig – erkenne an, dass es kein Zufall war. Es war kein Glück, es war kein glücklicher Umstand oder Unfall, es war nicht „nur eines dieser Dinge" – es war Magie. Du hast sie kreiert. Denke an diese Ereignisse und erkenne an, dass du sie kreiert hast. Sage es laut: „Okay, ich habe dies kreiert. Wow, bin ich cool, dass ich das kreieren kann? Was ist sonst noch möglich?"

Kapitel zwei

Einssein und Kreation

Das unendliche Einssein, das wir wahrhaftig haben und sind, ist die Quelle von allem, was wir als magisch betrachten. Wenn du wirklich in der Lage bist, eins zu sein, das Einssein hast, es kreierst, es erzeugst und in ihm agierst, dann zeigen sich magische Dinge in deinem Leben. Du bist eins mit dem Gewahrsein dessen, was auch immer es braucht, um das zu kreieren, wonach du suchst.

Kreation wird gerne missverstanden und hat einen ziemlich schlechten Ruf. Sie wird häufig auf eine Art und Weise erklärt, die Menschen nicht verstehen oder umsetzen können. Wie werden Dinge kreiert? Die Leute sagen: „Nun, man muss harte Arbeit leisten." Sie stellen ihre Energie gegen das Universum und verwenden Kraft und Anstrengung, um Dinge geschehen zu lassen. Aber was ist mit den Malen, wo du etwas kreiert hast, indem du daran gedacht hast – und es sich einfach gezeigt hat? War das keine Kreation?

Leute, die von der „Man muss harte Arbeit leisten"-Schule der Kreation aus operieren, sagen: „Okay, ich möchte ein Auto haben und alles, was ich mir leisten kann, ist dieser kleine Toyota. Es wäre besser, er hätte keine Klimaanlage, denn das würde zu viel Geld kosten." Sie knüpfen Bedingungen an ihre Kreationen, und mit diesen Bedingungen erlauben sie größeren Dinge nicht, sich zu zeigen.

Wenn du im Einssein bist, fragst du: „Hey Universum, was sind die unendlichen Möglichkeiten, dass sich ein cooles Auto zeigt?", und eine nette ältere Dame, die nicht mehr fährt und deren Mann gerade verstorben ist, erzählt dir, dass sie einen 1999er Buick mit 9 500 gefahrenen Kilometern hat, den sie dir für 250 Dollar verkaufen würde. Wow, wärst du in einer Million Jahre auf so etwas gekommen? Nun, nicht, wenn du die Schritt-für-Schritt-harte-Arbeit-Methode anwendest.

Wir hätten gerne, dass du aus dem linearen Schritt-für-Schritt-Konstrukt herauskommst und zum Einssein und der Simultanität übergehst. Anstatt zu sagen: „Ich spare jetzt 25 Jahre lang und dann bekomme ich es", fragst du: „Hey Universum, könnte ich das haben?", und es sagt: „Ja, kannst du. Da hast du es!"

Kapitel drei

Die humane Sichtweise im Vergleich zur humanoiden Sichtweise

Wir haben zwei grundverschiedene Sichtweisen und Arten des Kreierens hier auf dem Planeten Erde: Wir haben die humane und wir haben die humanoide Sichtweise. Die humane Sichtweise ist, dass Kraft die Quelle von Kreation ist. Humane sind der Ansicht, man müsse hart arbeiten und schwitzen, um Dinge zu kreieren. Für Humanoide ist das nicht so. Humanoide erkennen ihr Einssein mit dem Universum an und stellen sich nicht dagegen.

Was ist an ihnen anders?

Unsere Erforschung von Humanen und Humanoiden begann auf einer Reise nach Nashville. Ich (Gary) versuche immer herauszufinden, wie man Menschen aus ihrem Sumpf und aus dem, was sie begrenzt, heraushelfen kann. Das mache ich, indem ich in ihren Raum eintrete und das Labyrinth betrachte. Ich sehe den Ausgang und finde den Weg aus dem Labyrinth hinaus.

Dain und ich saßen im Flugzeug auf unseren Plätzen, als zwei Damen den Gang herunterkamen und sich vor uns hinsetzten. Ich sagte: „Ich frage mich, was es braucht, um so jemanden zu befreien", und ging in ihre Köpfe. Dain sagte: „Geh nicht rein! Geh nicht rein!", aber es war zu spät. Ich war bereits drin und dachte: „Ahhh." Dain musste 45 Minuten lang an mir arbeiten, um mich aus ihrem Universum zu holen. Ich versuchte, einen Weg hinauszufinden, doch es gab keinen. Ihr Labyrinth hatte keinen Ausgang.

Die Damen zogen ihre Jacken aus und hängten sie über die Sitze vor sich. Als die Stewardess kam und sagte: „Hier ist ihr Mittagessen", stellten sie es auf ihren Schoß.

> Als die Stewardess fragte: „Möchten Sie etwas trinken?", meinte eine der Damen: „Nun, ich habe keinen Platz für ein Getränk."
> Die Stewardess sagte: „Klappen Sie doch ihr Tablett herunter."
> Die Dame sagte: „Ich habe kein Tablett."
> Die Stewardess sagte: „Sehen Sie diesen Mann hier neben Ihnen? Dieses Ding, das er heruntergeklappt hat, das ist ihr Tablett."
> Die Dame sagte: „Ich habe keines."
> Die Stewardess sagte: „Wenn Sie Ihre Jacke vom Sitz vor Ihnen nehmen ..."
> Die Dame sagte: „Ich lege meine Jacke nicht auf den Fußboden."

Ich sagte: „Oh Mist, wie bin ich da nur reingeraten? Wie komme ich wieder raus?" Erst als ich mich selbst fragte: „Okay, was ist an diesen Menschen anders? Wie unterscheiden sie sich von Dain und mir und den Menschen, mit denen wir bei Access arbeiten? Was ist anders an ihnen?", begriff ich es: „Sie sind so human." Pling. Der Groschen war gefallen. „Oh mein Gott. Wir sind anders. Wir sind nicht human. Was sind wir dann? Wir sind humanoid! Ich kann es nicht fassen. Die ganze Zeit über dachte ich, ich sei human und bin es nicht. Ich bin humanoid."

Dadurch, dass ich verstand, dass ich keiner von ihnen war, konnte ich mich befreien. Es brauchte die Erkenntnis, dass ich nicht wie sie war. Mein ganzes Leben lang habe ich solche Menschen gekannt und ich versuchte immer zu verstehen, was sie so ticken lässt. Mir war nicht klar, dass es auf dem Planeten Erde zwei verschiedene Spezies gibt. Das war eine sehr hilfreiche Information.

Humanoide suchen Wege, um etwas besser zu machen

Humane leben in der Bewertung von allem und jedem und denken, das Leben sei so, wie es ist. Nichts ist jemals richtig, warum sich also die Mühe machen, über andere Möglichkeiten nachzudenken? Im Gegensatz dazu suchen Humanoide immer nach Wegen, um etwas besser zu machen. Wenn du etwas erfindest, etwas herausfindest, wenn du immer nach einem besseren und umfassenderen Weg suchst, um etwas zu kreieren, dann bist du ein Humanoider. Humanoide sind diejenigen, die Veränderungen kreieren. Sie sind es, die Erfindungen, Musik und Poesie kreieren. Sie kreieren die Dinge, die aus einem Mangel an Zufriedenheit mit dem Status quo heraus entstehen.

Mehr gibt es nicht

Ich (Gary) sprach mit meinem Stiefvater, der definitiv human ist, nachdem er einen Herzinfarkt hatte. Ich sagte: „Papa, wie war das für dich, als du den Herzinfarkt hattest?" Diese Frage hatte ihm noch niemand gestellt.

> Er meinte: „Nun, ich erinnere mich, als ich den Herzinfarkt hatte, stand ich außerhalb meines Körpers und betrachtete ihn ..." Er unterbrach sich und begann erneut.
>
> „Nun, ich hatte den Herzinfarkt und dann sah ich, wie sie die Elektroden auf meiner Brust anbrachten ..." Er unterbrach sich erneut mitten im Satz, hielt kurz inne und begann dann wieder.
>
> „Nun", sagte er schließlich, „ich hatte den Herzinfarkt und dann brachten sie die Elektroden auf meiner Brust an und belebten mich wieder."

Für ihn war keine Realität möglich, in der er außerhalb seines Körpers war und diese Dinge geschehen sah. Es ist ein großartiges Beispiel dafür, was mit Menschen passiert, wenn sie nicht haben können, dass etwas nicht ihrem Urteil der Realität entspricht. Seine Realität war, dass man ein Körper ist, und das ist alles. Ein Humaner kann niemals etwas haben, das nicht seiner Sichtweise entspricht. „Mehr gibt es nicht." Humane sind die Menschen, die nicht an Wiedergeburt glauben. Sie glauben nicht an andere Möglichkeiten. Sie glauben nicht an Wunder oder Magie. Die Ärzte, Anwälte und Indianerhäuptlinge kreieren alles. Humane kreieren nichts.

47 Prozent der Bevölkerung sind humanoid. Sie sind die Kreateure von allem, was sich in dieser Realität verändert. 52 Prozent sind human. (Und die verbleibenden 1 Prozent? Eines Tages werden wir dir von ihnen erzählen!) Humane halten an den Dingen

fest, wie sie sind, und möchten niemals, dass sich etwas ändert. Warst du jemals bei jemandem zu Hause zu Besuch, wo sich die Einrichtung seit 30 Jahren nicht geändert hat? Human.

Humanoide neigen dazu, sich selbst zu bewerten

Ein großer Unterschied zwischen Humanen und Humanoiden ist, dass Humanoide dazu neigen, sich selbst zu bewerten, während Humane andere bewerten. Es könnte sein, dass du als Humanoider gelegentlich versuchst, andere zu bewerten, doch in der Regel tust du das nur, wenn du versuchst, dich selbst mehr zu einem Humanen zu machen. Andere zu bewerten ist harte Arbeit für dich. Für die meisten Humanoiden ist es nahezu unmöglich. Wenn sie eine Bewertung von jemandem hören, sagen sie: „Hä? Das ist wichtig basierend worauf? Der-und-der hat das getan? Nun ja, unter gewissen Umständen würde ich vielleicht das Gleiche tun." Im Gegensatz dazu würde ein Humaner mit großer Gewissheit sagen: „Nein, ich würde das niemals tun."

Statt andere zu bewerten, bewerten Humanoide sich selbst. Sie finden sich selbst fehlerhaft. Sie versuchen herauszufinden, wie sie sich selbst besser machen können. Ein Humaner tut das nicht. Ein Humaner wird dir sagen, was mit dir nicht stimmt und dass alles in Ordnung wäre, wenn du die Dinge nur anders machen oder dich einfach so wie alle anderen verhalten würdest. „Wenn du nur damit aufhören würdest, all die komischen Dinge zu tun, die du tust", sagen sie, „dann wäre alles in Ordnung. Und warum überhaupt willst du etwas Besseres als das haben, das du hast, mehr gibt es doch gar nicht?" Dies spiegelt so ziemlich ihre definierte Ansicht wider.

Die Idee dahinter, dieses Humane/Humanoide-Ding zur Sprache zu bringen, ist nicht, Humane zu bewerten. Es geht darum, sich gewahr zu werden, dass wir Humanoide eine andere Spezies mit

GARY M. DOUGLAS UND DR. DAIN HEER

einer unendlichen Kapazität für die Kreation von Magie und Wundern sind. Es ist wichtig, dies zu wissen, damit wir unsere Neigung, uns selbst zu bewerten, ebenso loslassen können wie die Tatsache, dass wir die begrenzte humane Sichtweise abkaufen, die uns überall umgibt.

Kapitel vier

Was bedeutet es,
in der Frage zu leben?

Humanoide kreieren, indem sie in der Frage leben. Sie erkennen ihr Einssein mit dem Universum an und wissen, dass das Universum unendliche Ressourcen bietet – wenn sie fragen und bereit sind, zuzuhören und zu empfangen. In der Frage zu leben bedeutet, Fragen zu verwenden, um die begrenzten Antworten zu umgehen, die dein Verstand bietet. Je mehr du in der Frage lebst, desto mehr unendliche Möglichkeiten werden sich für dich zeigen. Du kannst 90 Prozent der Schritte umgehen, die Humane unternehmen müssen, um etwas zu kreieren, wenn du bereit bist, die Magie zu haben und in der Frage zu leben.

Was braucht es, damit _____ sich zeigt?

Wenn du in der Frage lebst, dann kreierst du durch das Stellen einer Frage eine Einladung. Wenn du eine Frage stellst wie *„Was* *braucht es, damit* _____*sich zeigt?"*, wird dir das Universum die Möglichkeiten zuspielen, damit dies geschehen kann.

Kürzlich hob ich etwas Geld von meinem Sparkonto ab, weil ich nicht genügend Geld zu haben schien. Ich sagte: „Verdammt! Warum habe ich nicht genug Geld? Ich verstehe das nicht! Was braucht es, damit sich mehr Geld zeigt? Es ist lächerlich, dass ich nicht genügend Geld habe. Was braucht es denn?"

Am nächsten Tag nahm ich meine Aktentasche aus dem Schrank, die ich drei Monate lang nicht benutzt hatte. Darin waren 1.600 Dollar in bar, die ich dort aus irgendeinem Grund hineingetan hatte. Zwei Tage danach flogen Dain und ich nach Florida und als wir dort ankamen, wurde Dain von unserer Freundin Jill ein Umschlag mit den Worten ausgehändigt:

> „Das war beim Kreditkartengerät."
> Dain fragte: „Was ist das?"
> Sie sagte: „Schecks von einem Kurs, den Gary und du gehalten habt, die niemals eingelöst wurden."

Es waren Schecks im Wert von 2.000 Dollar in dem Umschlag.

Am selben Tag bekam ich einen Anruf einer Dame, deren Kreditkarte für unsere Dienste in Höhe von 1.800 Dollar nicht belastet worden war, und einen Tag darauf fand ich einen Scheck über 500 Dollar in einer Schublade, in die ich ihn gelegt hatte.

Das waren die 6.000 Dollar, die ich von meinem Sparkonto abgehoben hatte. Ich sagte: „Hm. Das bedeutet wohl, dass ich keinen Geldmangel hatte. Ich habe nur nicht hingesehen."

Das Lustige daran ist, Geld flattert noch immer herein. Heute rief mich eine Dame an und sagte:

„Erinnerst du dich noch an diesen Kurs, den ich vor zwei Monaten besucht habe? Der Betrag wurde nie von meinem Konto abgebucht. Ich schicke dir einen Scheck per Post." Ich sagte: „Okay, cool! Wie wird es noch besser?"

Du musst eine Frage stellen

Du musst eine Frage stellen, damit das Universum dir eine Antwort geben kann. Du musst fragen. Es ist nicht gut zu sagen: „Ich will mehr Geld." Das bedeutet nichts anderes, als dass es dir an mehr Geld mangelt – und es ist keine Frage darin. Stelle immer eine Frage: *„Was braucht es, damit _____ sich zeigt?"*

Eine der großen Wahrheiten der Bibel lautet: „Bitte und es wird dir gegeben." Das Problem ist, dass die meisten Menschen um Begrenzungen statt um Möglichkeiten bitten.

„Ich muss das haben" ist keine Frage

„Ich muss das haben" ist keine Frage. Hast du jemals bemerkt, dass die Dinge, von denen du beschlossen hast, dass du sie unbedingt haben musst, letzten Endes für einen langen Zeitraum außerhalb deiner Reichweite bleiben? Wenn du jedoch fragst: *„Welche Möglichkeiten gibt es, das _____ sich zeigen kann?"* Zack. Es ist wie: *„Wow, das war ein erstaunlicher Zufall. Ich bin der richtigen Person zum richtigen Zeitpunkt begegnet!"*

Diese sogenannten Unfälle oder Zufälle, diese glücklichen Umstände, die passieren, sind weder Schicksal noch Bestimmung. Sie sind Beispiele für deine Fähigkeit, augenblicklich zu kreieren und zu manifestieren.

Wie wird es jetzt noch besser?
Was sind die unendlichen Möglichkeiten?

Ein Freund von uns, der in der Immobilienbranche tätig ist, hat diese Prinzipien angewandt und Fragen wie *„Wie wird es jetzt noch besser?"* und *„Was sind die unendlichen Möglichkeiten?"* verwendet und bekam in letzter Zeit vermehrt Anfragen für teurere Immobilien.

Er kategorisiert sich nicht selbst in dem, was er tut. Er bleibt offen für die unendlichen Möglichkeiten. Die meisten Immobilienmakler kategorisieren sich selbst mit „Ich verkaufe nur Einfamilienhäuser", oder „Ich verkaufe nur gewerbliche Objekte", oder „Ich mache nur dies oder das."

Dieses „Nur" ist ein lineares Konstrukt der humanen Sichtweise. Humane denken, man müsse sich spezialisieren. Sie sagen Dinge wie: „Wenn du dich nicht spezialisierst, wird niemand etwas mit dir machen." Falsch. Wenn du offen für das Universum und die unendlichen Möglichkeiten bist, dann kann *alles* passieren.

Höre auf, von einem linearen Konstrukt aus zu funktionieren

Um die Magie unseres Lebens zu haben, müssen wir aufhören, von einem linearen Konstrukt aus zu funktionieren. Es ist nicht: *„Ich habe kein Geld. Ich muss mir welches von dem und dem leihen."* Es ist: *„Okay, was braucht es, damit sich das Geld in meinem Leben zeigt? Ich weiß, dass es geschehen wird. Was braucht es, damit es sich zeigt? Und wird es nicht interessant sein zu sehen, wie es sich zeigt?"*

Wenn du ein lineares Konstrukt verwendest wie: *„Oh, ich muss es mir von jemandem leihen"*, dann hast du den einzigen Weg, wie es zu dir kommen kann, definiert und begrenzt. Was ist, wenn du niemanden hast, der bereit ist, dir das Geld zu leihen? Was ist, wenn jemand genau in dieser Woche Geld von dir leihen möchte?

Wenn du jedoch in der Frage lebst, kannst du etwas anderes tun. Anstatt zu sagen: *„Okay, ich würde das Geld gerne haben. Von wem kann ich es mir leihen?"*, frage lieber: *„Hey, was sind die unendlichen Möglichkeiten, damit sich das Geld in meinem Leben zeigt?"*

Siehst du, dass der zweite Ansatz viel umfassender ist? Wenn du von Ausdehnung und Möglichkeiten aus agierst, dann werden diese sich zeigen. Je mehr du in der Frage lebst, desto mehr Möglichkeiten tauchen auf.

Wir alle wuchsen mit den humanen Ansichten auf, die uns lehrten, dass wir in der Linearität der Realität funktionieren müssen. Was wäre, wenn das nicht deine Wahrheit wäre? Was wäre, wenn deine Wahrheit eine vollkommen andere wäre – und du nur bereit sein müsstest, diese sich zeigen zu lassen?

Den meisten Menschen wurde beigebracht, dass sie etwas tun müssen, um etwas zu haben und zu sein. Wärst du bereit, diesen absoluten Bockmist jetzt loszulassen? Erkenne an, dass tun, sein und haben von einer vollkommen nicht-linearen Ansicht kommen kann.

Hast du jemals um etwas gebeten … und es zeigte sich ein Jahr später?

Hast du jemals um etwas gebeten, dann vergessen, dass du danach gefragt hast, und es zeigte sich ein Jahr später? Und du sagtest: „Vor einem Jahr habe ich daran gedacht!" Du hast darum gebeten, und dann hat das Universum sich neu angeordnet, damit diese Sache sich zeigen kann. Wenn du wirklich um etwas bittest in dem Wissen, dass du es bekommen wirst, dann wird es sich für dich zeigen.

Es geht dabei nicht darum zu kontrollieren, wann es sich zeigt. Es geht darum, in der Erlaubnis zu sein, dass es sich zeigen kann, und bereit zu sein, es zu empfangen, wenn es sich zeigt. Wir fragen heute nach einer Million Dollar und wenn wir sie bis morgen nicht haben, nehmen wir an, dass wir es falsch gemacht haben und dass dieses Bitten nicht funktioniert. Oder wir entscheiden, dass wir schlecht im Bitten sind. Oder wir beschließen, dass wir nicht empfangen können, worum wir gebeten haben, weil es sich nicht augenblicklich so gezeigt hat, wie wir dachten, dass es sich zeigen sollte, oder nicht aus der Richtung kam, aus der wir dachten, dass es kommen müsse. Wir beschließen, dass die einzige Antwort, die wir bekommen werden, ist: „Nein, du kannst das nicht haben", was ein furchtbarer Fehler ist. Wenn du um etwas bittest, dann muss das Universum Dinge neu anordnen. Weißt du, du bist nicht die einzige Person, die um etwas bittet!

Also, fang damit an, deine humanoide Sichtweise zu trainieren, und kreiere, indem du in der Frage lebst. Erkenne dein Einssein mit dem Universum an – stelle dich nicht dagegen. Verwende unbegrenzte Fragen und sei bereit, unbegrenzte Möglichkeiten zu empfangen, wenn sie sich zeigen.

Drei Fragen, die du dem Universum stellen kannst, sind:

- Wie wird es noch besser?
- Was sind die unendlichen Möglichkeiten?
- Was braucht es, damit _____ sich zeigen kann?

Kapitel fünf

Magie ist „bitte und empfange"

Die einfache Wahrheit von Magie ist: Bitte und empfange. Es ist sehr leicht. Du bittest, aber du lenkst nicht allzu viel Aufmerksamkeit darauf und bringst nicht allzu viel Absicht ein. *Aufmerksamkeit* ist die Ansicht, dass du ein Hindernis überwinden musst und du dich also besser darauf konzentrieren solltest. Du solltest dich besser auf das konzentrieren, worum du gebeten hast, und versuchen, es geschehen zu lassen. *Absicht* ist die Vorstellung, dass es ein Hindernis gibt, das du überwinden musst, du also jede Menge Kraft aufwenden musst, damit es sich zeigt.

Hast du jemals versucht, etwas zu kreieren, und es zeigte sich nicht so, wie du verdammt noch mal wusstest, dass es sich zeigen sollte, und du fühltest dich schwerer und schwerer? Jemand kam vielleicht vorbei und fragte: „Hallo, wie geht's?", und du antwortetest: „Geh mir aus dem Weg! Ich kreiere gerade! Geh weg!"

So etwas ist uns widerfahren. Wir hielten eine Reihe großartiger Access-Kurse in Australien, in denen die Teilnehmer enorme Veränderung und Transformation erfuhren. Wir waren sehr zufrieden und als wir zum Flughafen kamen, beschlossen wir: „Wir sind solche kraftvollen Kreature, wir haben es verdient, auf dem Heimweg Business-Klasse zu fliegen. Wir werden Business-Klasse fliegen." (Hast du bemerkt, dass wir keine Frage gestellt haben? Du hörst keine Überheblichkeit aus unserem Ansatz heraus, oder?)

Wir hatten also beschlossen, dass wir Business-Klasse fliegen und ein Upgrade bekommen würden. Wir gingen zum Schalter und Dain sagte: „Hallo. Sind Upgrades für große und herausragende Kreature verfügbar?" Die Antwort lautete: „Nein."

„Okay", dachte ich, *„ich habe Milliarden von Meilen bei United gesammelt."* Ich beschloss, United anzurufen und herauszufinden, wie ich von ihnen ein Upgrade bekommen konnte. Sie sagten: „Es tut uns leid. Sie können kein Upgrade für eine andere Fluggesellschaft bekommen." Wir konnten also kein Upgrade kaufen, wir konnten keines mit Meilen erzwingen und wir konnten auch durch Lächeln und Flirten keines bekommen, weil die Mitarbeiter, die wir versuchten anzulächeln und anzuflirten, längst über Lächeln und Flirten hinaus waren.

„Okay", sagten wir, „wir nehmen unseren Flug nach Auckland und wenn sie noch Platz haben, verkaufen sie uns vielleicht dort ein Upgrade. Es könnte sein, dass wir ein bisschen mehr bezahlen müssen, aber das ist kein Problem, nicht wahr? Früher haben sie das für 250 Dollar gemacht."
Wir kamen in Auckland an, gingen zum Service-Schalter und die Dame dort sagte: „Nein."
Wir fragten: „Warum?"

Sie sagte: „Nein."
Wir fragten: „Können wir eins kaufen?"
Sie sagte: „Nein."

Wir waren entmutigt, weil wir bereits beschlossen hatten, dass wir solch große und kraftvolle Kreateure waren und ein Upgrade verdient hatten und eins bekommen würden. Hallo! Das Universum sollte uns gefälligst ein Upgrade bescheren.

Letztendlich sagten wir: „Warte mal kurz. Gibt es hier etwas, was wir nicht sehen?" (Hast du bemerkt, dass wir endlich eine Frage stellten?) Nachdem wir achthundert Mal ein Nein gehört haben, fingen wir an zu denken: *„Mensch, vielleicht gibt es etwas, das wir nicht sehen."*

Wir standen auf dem Flughafen herum, wurden zunehmend sauer auf die Leute, die ein Upgrade bekamen, und plötzlich wurde uns klar: „Wir machen nicht wirklich das, worüber wir gesprochen haben und was wir lehren, oder? Nein, tun wir nicht. Was schauen wir uns also nicht an?" Dann begriffen wir es: Wir fragten: „Was sind die unendlichen Möglichkeiten, eine großartige Heimreise zu haben, ganz egal, wo wir sitzen?" Plötzlich fühlte sich alles leichter an.

Als wir es endlich schafften zu fragen: „Okay, was sind die unendlichen Möglichkeiten, eine großartige Reise zu haben?", wurde uns klar: „Hey, wir können auf dem ganzen Heimweg zusammen abhängen." Es stellte sich heraus, dass wir Plätze nebeneinander hatten und neben uns ein Platz frei war. Wir hatten also reichlich Platz, um uns auszubreiten, und wir hatten eine großartige Reise, allein dadurch, dass wir unsere Ansicht geändert hatten und bereit waren zu empfangen, was uns tatsächlich gegeben wurde, anstatt zu beschließen, dass wir Upgrades in die Business-Klasse bekommen müssten, um zu beweisen, was für große und kraftvolle Kreateure wir doch waren.

Hast du jemals beschlossen, dass du das Äquivalent zu einem Upgrade in die Business-Klasse haben *musst*? Oder hast du schon einmal den gesamten Verlauf deines Lebens vor dir gesehen, so wie du es beschlossen hast, dass es sein müsse, weil, wenn du nicht genau das auf genau die Art und Weise bekommen würdest, wie du möchtest, du dann ein verdammter Versager bist? Warum lässt du das nicht für einen Moment los und denkst darüber nach, das zu empfangen, was das Universum dir anbietet? Du könntest überrascht sein. Es könnte sein, dass du dich dadurch leichter fühlst. Du könntest entdecken, dass du eine viel bessere Zeit hast.

Kapitel sechs

Pico-Universen im Gegensatz zu wahrhafter Kreation

Hast du jemals schon von Walter Mitty gehört? Er war der Held einer Kurzgeschichte über einen sanftmütigen Pantoffelhelden mit einer tyrannischen Frau und einem langweiligen, miserablen Job. Er lebte in einer Fantasiewelt und kreierte extravagante Szenarien, in denen er ein kühner Chirurg, ein heldenhafter Pilot und ein schneidiger Marinekommandant war. Die meisten von uns sind auf die eine oder andere Art Walter Mittys. Wir nehmen ein Sandkorn und kreieren ganze Universen um das, was es bedeuten wird, und unsere Rolle, die wir darin spielen.

Hast du jemals taggeträumt, als du noch ein Kind warst? Hast du jemals ein ganzes Universum kreiert, das in deinem Kopf existierte? Das ist ein Pico-Universum. Es ist dein kleines, privates Universum. Jedes Mal, wenn du tagträumst, gehst du in ein Pico-

Universum. Du möchtest nicht mehr präsent sein – und ein Pico-Universum ist eine Art und Weise, der Gegenwart zu entkommen. Du beschließt: *„Das ist so verdammt langweilig, dass ich hier nicht mehr sein möchte",* und weg bist du, rein ins Pico-Universum.

Wir kreieren ein Pico-Universum, wenn wir einen kleinen Anlass oder Kommentar nehmen und sagen: *„Oh, das bedeutet ..."* Wir kreieren ein Universum dessen, wie etwas aussehen wird.

Kurz nachdem ich (Gary) mich scheiden ließ, ging ich mit einer Dame aus und wir hatten eine richtig gute Zeit zusammen. Ich ging nach Hause und, als ich in der Dusche stand, dachte ich: „Mein lieber Schwan, das war wunderbar. Sie ist wirklich nett. Ich frage mich, wie es wohl wäre, Sex mit ihr zu haben? Ich denke, es würde Spaß machen. Ich frage mich, ob sie die Richtige ist."

Die Richtige? Ich war ein einziges Mal mit ihr aus und hier stand ich in der Dusche und machte sie zur Liebe meines Lebens. Ich kreierte ein Pico-Universum über unsere gemeinsame Zukunft und kannte noch nicht einmal ihren Nachnamen. Das ist ein wenig wahnwitzig, oder?

Was wäre, wenn ...?

Hast du jemals die Erfahrung gemacht, dass du eine wirklich gute Idee hattest, du beschlossen hast, dass du etwas kreieren möchtest, und dir in deinem Kopf genau ausgemalt hast, wie es aussehen wird? Und dann nie wirklich etwas damit gemacht? *Was wäre, wenn ...? Was wäre, wenn ...? Was wäre, wenn ...?* Das sind Pico-Universen. Wir erschaffen den Anschein, wie etwas sein wird. Es ist eine Form von Kreation. Wir erschaffen das ganze Ding in unserem Kopf. Wir vollenden es in unserer Vorstellung, ohne jemals tatsächlich etwas zu tun. Warum zeigen sich diese Universen, die wir auf diese Art und Weise erschaffen, nicht im physischen Universum? Weil wir sie in unserem Kopf bereits vollendet haben.

Wir arbeiteten mit einer Reihe von Menschen, die Probleme mit Adipositas hatten, und wir fanden, es wäre sehr effektiv für sie, sich in irgendeiner Form zu bewegen.

> Ich (Gary) fragte eine adipöse Dame: „Welche Art von Bewegung würde dein Körper gerne machen?"
> Sie sagte: „Mein Körper würde gerne tanzen."

Als ich sie zwei Monate später sah, hatte ihr Körper noch an Gewicht zugelegt.

> Ich fragte sie: „Was ist los?"
> Sie sagte: „Nun, ich denke an das Tanzen und ich denke an die Musik und die Schritte, die ich machen werde, und wie es sich anfühlen wird, und wie wundervoll es sein wird – und dann mache ich es nie."
> Ich sagte: „Ja, weil du es in deinem Kopf bereits abgeschlossen hast. Du kreierst ein Pico-Universum darum herum, wie es sein wird, und du führst es tatsächlich niemals aus."

Ist das in der Gegenwart leben? Nein.

Wie hörst du auf, Walter Mitty-ismus zu betreiben?

Die Art und Weise, wie du mit Walter Mitty-ismus aufhören kannst ist, dir selbst nicht zu erlauben, Pico-Universen zu kreieren. Anstatt an Dinge zu denken oder dir vorzustellen, wie etwas sein würde, frage dich einfach selbst: *„Okay, wie wird es aussehen?"* Und dann *tust* du es.

Wenn du dich selbst fragst: *„Wer bin ich heute und welche großartigen und herrlichen Abenteuer werde ich haben?"*, versetzt es dich in die

Lage, bereit zu sein, dein Leben als Abenteuer in der Gegenwart anstatt einer zukünftigen Möglichkeit zu sehen.

Manchmal fragen uns Leute, was sie denn mit ihren Ausreißer-Gehirnen tun sollen. Sie möchten dem Universum erlauben, für sie zu kreieren. Sie versuchen, sich mit dem Universum in Einklang zu bringen und Dinge zu kreieren, indem sie in der Frage leben – ihre Gehirne jedoch reißen in eine vollkommen andere Richtung aus, konstruieren Antworten und Pico-Universen. Wenn dies passiert, musst du erkennen: *„Oh, ich bin gerade von der Frage abgekommen."* Lebe in der Frage, nicht in der Antwort.

Hast du Pico-Universen kreiert, statt dein eigenes Leben zu kreieren?

Hast du Pico-Universen erschaffen, statt dein eigenes Leben zu kreieren? Alles, was du getan hast, um Pico-Universen zu erschaffen, und all das Talent und alle Fähigkeiten, die du in die Kreation dieses Pico-Universums gesteckt hast, anstatt tatsächlich in deinem eigenen Leben zu sein, zerstörst und unkreierst du das jetzt bitte?

Es geht wirklich darum, in der Gegenwart zu sein. Wenn du bereit bist, in der Gegenwart zu leben, und wenn du nicht von der Vergangenheit aus agierst, dann ist es schwieriger, Pico-Universen zu erschaffen. Wenn du eine Vergangenheit hast, die dir genau sagt, wer, was, wo, wann und wie du bist und wie genau du in jeder Situation oder Lebenslage reagieren musst, dann beginnst du damit, von Regeln und Begrenzungen aus zu leben. *Wenn sie dies tun, dann mache ich das.* Wenn du dieses ganze Zeug hinter dir sammelst, so als ob es die Quelle der Kreation für dich wäre, dann gibt es so etwas wie ein Leben in der Frage nicht. Tatsächlich gibt es keine Fragen; es gibt einzig und allein Antworten. Du versuchst, dein Leben basierend auf begrenzten Antworten und begrenzten, linearen Ansichten zu kreieren.

Deine Vorstellungskraft ist eine Begrenzung

Selbst deine Vorstellungskraft ist eine Begrenzung, weil Vorstellungskraft eine Funktion des Verstandes ist. Deine Vorstellungskraft kann nur definieren, was du bereits kennst – genauso wie dein Verstand nur das definieren kann, was du bereits kennst. Vorstellungskraft kann sich nichts jenseits dessen ausmalen, von dem du bereits beschlossen hast, dass es existiert. Im Hinblick auf unendliches Sein und unendliches Wissen, Wahrnehmen und Empfangen ist deine Vorstellungskraft eine Begrenzung. Sie ist kein Gewahrsein.

Vorstellungskraft und Gewahrsein werden manchmal verwechselt. Als Kind hast du vielleicht manchmal ein Gewahrsein von Dingen gehabt und deine Eltern haben möglicherweise gesagt: „Oh, das bildest du dir nur ein." Sie haben dich trainiert, normal, durchschnittlich und real zu sein. Sie haben dich dazu erzogen, zurechnungsfähig und normal zu sein, sodass du wie alle anderen bist. Es hat aber nicht funktioniert, oder?

Normal und *durchschnittlich* und *real* sind in der Tat große Begrenzungen, weil sie dir deine wahre Größe nicht erlauben. Sie erlauben dir nicht die unendlichen Möglichkeiten, die dir in diesem Universum zur Verfügung stehen. Hast du jemals Kraft und Anstrengung gegen dich verwendet, um dich normal, durchschnittlich und real erscheinen zu lassen, so wie alle anderen auch? Möchtest du jetzt damit aufhören?

Wer bist du heute und welche großartigen und herrlichen Abenteuer wirst du haben?

Was würde geschehen, wenn du damit aufhören würdest, Walter Mitty zu sein, und damit anfangen würdest, lieber dein Leben in der Gegenwart zu kreieren, anstatt die Pico-Universen in deinem

Kopf zu bewohnen? Bist du bereit, dein Leben als ein Abenteuer der Gegenwart und nicht als eine zukünftige Möglichkeit zu betrachten? Wer bist du heute und welche großartigen und herrlichen Abenteuer wirst du haben?

Kapitel sieben

Aufregung und Angst

Die meisten von uns haben das ein oder andere Mal *Aufregung* fälschlicherweise als *Angst* identifiziert oder verstanden. Als ich (Gary) noch klein war, war ich einmal in einem Vergnügungspark und war gerade im Begriff, in eins der Fahrgeschäfte zu steigen. Ich war total aufgeregt. Meine Mutter sah mich an und sagte: „Hab' keine Angst, mein Schatz." Ich dachte: „Oh, das ist Angst, was ich fühle. Okay." Seit dieser Erfahrung dachte ich jedes Mal, wenn ich Aufregung verspürte, es sei Angst. Erst als ich zum ersten Mal Sex hatte, realisierte ich, dass Aufregung und Angst nicht dasselbe waren.

Manchmal, wenn man wegen etwas aufgeregt ist, bevor es passiert, dann ist es eine Pico-Zukunft oder ein Pico-Universum. Es ist eines dieser Dinge, wo du ein kleines Sandkorn nimmst und sagst: *„Oh, bin so aufgeregt wegen dieser Sache. Es wird so großartig sein. Es wird folgendermaßen sein …"*

Wenn Dain und ich Kurse geben, dann habe ich niemals den Gedanken, dass ich gespannt auf den Kurs bin. Ich gehe mit dieser Einstellung in den Kurs: *„Okay, ich frage mich, was wir heute tun werden. Ich frage mich, wie das heute aussehen wird und ob die Dinge in die Richtung gehen, von der ich glaube, in welche sie gehen sollten."*

Wir wissen, dass es die Teilnehmer unserer Kurse sind, die den Kurs kreieren. Nicht wir sind es. Genauso verhält es sich mit allem anderen in unserem Leben. Die Menschen, mit denen wir zu tun haben, kreieren unser Leben mit uns zusammen. Wenn wir etwas antizipieren, dann kreieren wir eine Pico-Zukunft, sodass wir das Ergebnis kontrollieren können. Wir denken: *„Wenn wir mit genügend Kraft und Anstrengung kreieren, dann wird es so wunderbar werden, wie wir es beschlossen haben."*

Hast du jemals eine dieser Reisen gebucht, bei denen bereits alles durchgeplant ist? Du wirst erst da sein, dann dort und alles ist bereits organisiert. Du freust dich so sehr auf diesen Urlaub. Dann bist du dorthin gereist und hast gesagt: *„Okay, was mache ich jetzt? Ich langweile mich zu Tode."* Die Vorfreude und die Aufregung hattest du, bevor du dort warst. Du hattest den Urlaub bereits, als du ihn geplant hast. Du hättest dir gar nicht die Mühe machen müssen, wirklich wegzufahren.

Bist du jemals mit dem Auto losgefahren und hattest keine Ahnung, wo du schlafen würdest oder was passieren würde, und es stellte sich heraus, dass es großen Spaß machte? Das liegt daran, dass du im Hier und Jetzt lebst und nicht nach Plan.

Wir lieben die Geschichte des Vaters einer unserer Freunde, der mit dem Auto aufbrach. Er fuhr durch acht Staaten, weil er dachte, dass etwas Besseres geschehen würde.

Unser Freund fragte: „Papa, können wir hier anhalten und das ansehen?"

Sein Vater sagte: „Nein, wir müssen dorthin."

Unser Freund fragte: „Papa, können wir dort anhalten und das machen?"

Sein Vater sagte. „Nein, wir müssen dorthin."

Manche Menschen verbringen ihr gesamtes Leben damit, dorthin zu kommen, anstatt Spaß auf dem Weg zu haben. Wenn wir das tun, dann bringen wir uns um die Freude des Moments. Wir treten die Reise nie an, weil wir das Ankommen bereits antizipiert haben.

Kapitel acht

Wie kreierst du das, was du gerne haben würdest?

Bekomme ein Gefühl dafür, wie es wäre, es zu haben

So kreierst du, was du gerne haben würdest: Bekomme zuerst ein Gefühl dafür, wie es wäre, es zu haben. Wenn du ein neues Auto möchtest, frage dich: *„Welches Auto würde sich wunderbar anfühlen, wenn ich es fahre? Was wird mein Leben aufregend machen, wenn ich es fahre?"* Bekomme ein Bild davon, wie es sein würde. Mit Bild meine ich ein Gefühl dafür. Wie würde es sich anfühlen, dieses Auto zu fahren?

Hast du dein Auto aufgrund seines Nutzens ausgewählt? Verbringst du Stunden im zähfließenden Verkehr und denkst dabei: *„Mein Auto bringt mich überall hin, wo ich möchte. Es ist ein gutes, robustes und zuverlässiges Auto."*

Nun, ich (Gary) mag keine robusten und zuverlässigen Autos. Ich möchte etwas, das Spaß macht. Wenn es mir keinen Spaß macht, dann möchte ich es nicht tun. Ich möchte freudig erregt im Hinblick auf das Auto sein, das ich fahre. Ich möchte die Fahrt darin genießen.

Ein Gefühl für das zu bekommen, was du gerne haben würdest, ist anders, als ein Pico-Universum zu kreieren. Wenn du daraus ein Pico-Universum machen würdest, dann würdest du sagen: *„Oh, es wird sich so gut anfühlen, es zu haben, weil ich dann dies haben werde – und dann werde ich das haben – und dann werde ich auch noch jenes haben."* Du würdest sagen: *„Nun, es zu haben bedeutet, dass ich dies tun kann, und das wiederum bedeutet, dass ... und das bedeutet ..."* Überall dort, wo du Bedeutung, Form oder Struktur darüberstülpst, kreierst du eine Begrenzung. Das ist etwas anderes, als zu fragen: „Okay, ich hätte gerne ein Auto, das dieses kann und jenes hat, was sind die unendlichen Möglichkeiten, dass sich so etwas in meinem Leben zeigt?"

Als ich (Gary) entschied, ein Auto für meine Tochter zu besorgen, wusste ich, dass ich ein Auto mit geringem Spritverbrauch wollte, damit sie es sich leisten konnte zu tanken. Ich wollte, dass sie lernt, Verantwortung für ihr eigenes Auto zu übernehmen. Ich fragte: *„Welches Auto könnte ich für sie besorgen, dass sie mögen und ich gerne fahren würde, wenn sie meinen Chevy Tahoe fährt?"* Ich sagte: *„Ich möchte einen BMW-Cabrio".* Also begann ich, nach BMW-Cabrios in einer bestimmten Preis- und Alterskategorie zu suchen und fand ein gutes Angebot. Das Auto war zwar etwas älter, als ich eigentlich wollte, jedoch wusste ich, dass es das richtige Auto war, und kaufte es.

Es hatte eine ganze Reihe von Macken, die alle behoben werden konnten und die daher rührten, dass das Auto vernachlässigt worden war. Der Mechaniker sagte: „Das ist ein prima Auto. Wenn die ganzen Macken behoben sind, dann wird es ein großartiges Auto sein." Andere Vorbesitzer waren nicht bereit gewesen, Zeit, Energie oder Geld zu investieren, um die Reparaturen vorzunehmen, ich hingegen schon. Dieses Auto wollte, dass man sich um es kümmert. Es wollte geliebt werden. Es wollte bewundert werden. Und es wird bewundert. Es wird geliebt. Es ist ein sexy kleines 99er-M3-Cabrio. Meine Tochter liebt es. Sie bekam einen Strafzettel, weil sie mit 150 Stundenkilometern zu schnell unterwegs war.

Ist das nicht interessant? Ich bat nicht um ein Auto, das mechanisch perfekt war. Ich ließ gewisse Parameter aus dem Spiel. Ich sagte nicht: *„Es muss in gutem Zustand und scheckheftgepflegt sein."* Um diese Dinge hatte ich nicht gebeten. Ich bat um ein Auto, das Spaß machte, gut aussah, in dieser Preisklasse und in dieser Kategorie war. Später, als ich ein anderes Auto kaufte, sagte ich: *„Es soll in einem großartigen Zustand sein",* und genau das bekam ich. Nicht jedoch mit dem BMW: Also hatte ich dazugelernt. Zehn Sekunden Unbewusstsein können dich locker eine Milliarde Jahre Schmerz und Leid kosten – oder 7.000 Dollar Reparaturkosten.

Wir neigen dazu zu beschließen, was wir haben möchten, aber häufig schließen wir nicht ein, was wir nicht wollen. Dain und ich haben einen Bekannten, der alle Eigenschaften auflistete, die er sich von einer Frau wünschte. Er sagte: „Ich möchte, dass sie dies, das, jenes und das hat", er vergaß jedoch hinzuzufügen, was er nicht wollte. Er vergaß die Auflistung des Nicht-Erwünschten. Er heiratete schließlich eine Frau, die alle Eigenschaften hatte, um die er gebeten hatte, die aber gleichzeitig alle Eigenschaften hatte, die er an Frauen hasste, die er aber zu erwähnen vergaß.

Manchmal jedoch, wenn du etwas bekommst, von dem du nicht dachtest, dass du es wollen würdest, kann es in der Tat etwas sein, das du dir wünschst, besonders dann, wenn du in der Frage lebst. Eine Freundin von uns flog von Phoenix nach Los Angeles. Bevor sie an Bord des Flugzeuges ging, dachte sie darüber nach, wie beschwerlich es sein würde, ihre beiden schweren Koffer vom Flughafen zur Autovermietung zu tragen. Es grauste ihr davor, aber sie beschloss, dass sie in der Lage sein würde, damit klarzukommen und ließ es los.

An der Gepäckausgabe in Los Angeles stellte sich heraus, dass einer der Koffer nicht angekommen war. Sie fragte: „Was ist richtig daran, das ich nicht verstehe?" Sie ging ins Schadensbüro, nahm sich einen Mietwagen und fuhr nach Santa Barbara. Am nächsten Tag stellte FedEx ihr ihren Koffer zu. Es hatte ihr davor gegraust, zwei schwere Koffer am Flughafen herumzuschleppen, also verlor die Fluggesellschaft einen davon, der ihr am nächsten Tag durch FedEx zugestellt wurde. Wie wird es noch besser?

Wenn du aus der Magie heraus funktionierst, die du wahrhaftig bist, und du denkst: *„Oh Mann, ich möchte die schweren Koffer nicht tragen müssen"*, dann können dir solche Dinge passieren. Du musst sie nicht tragen. Sie verschwinden und dann bringt jemand anders sie dir. Du kreierst das, worum du gebeten hast.

Äußere deinen Wunsch mit Leichtigkeit

Wenn du beschließt, dass du etwas in deinem Leben tun wirst, ist es erstaunlich, wie schnell und auf welche Art und Weise es sich zeigen wird. Wenn du ein Gefühl für das, was du dir wünschst, bekommen hast, formuliere einfach deine Bitte oder dein Ziel oder deinen Wunsch mit Leichtigkeit. Sage: *„Ich würde das gerne tun."* Dann frage: *„Was braucht es, damit sich dies in meinem Leben zeigen kann?"* Das Stellen der richtigen Frage ist ein Teil davon, Magie zu kreieren. Du drückst den Wunsch aus, etwas in deinem Leben zu kreieren, du stellst eine Frage und du versteifst dich nicht auf das Ergebnis. Es ist leicht.

Vor Jahren sah ich (Gary) ein Video von einem Typen, der eine Entität namens Bashar channelte. Ich sah es mir an und sagte: *„Wie kommt es, dass er das kann und ich nicht? Er ist nicht größer als ich. Er spricht sicherlich kein besseres Englisch als ich. Er sieht nicht besser aus als ich. Ich weiß nicht, warum das relevant sein sollte, aber wie kommt es, dass er das kann und ich nicht?"* Ich dachte nicht mehr daran. Drei Jahre später passierte es. Ich begann, Rasputin zu channeln.

„Ich würde das gerne tun" ist eine Bitte. Ich hatte keine zeitliche Frist gesetzt und das Universum brauchte eine Weile, um die Dinge in meinem Leben so zu deichseln, dass ich dafür empfänglich war. Jedes Mal, wenn du eine Bitte formulierst, kreierst du die Möglichkeit dazu. Du äußerst deine Bitte mit Leichtigkeit, und das war's.

Bitte um ein bisschen Unterstützung

Um das Ergebnis zu bekommen, das du dir wünschst, wirst du häufig bereit sein müssen, ein bisschen Unterstützung zu empfangen. Bitte das Bewusstsein des Universums um Hilfe, um das zu kreieren, was du dir wünschst. Viele Menschen denken niemals daran, das Bewusstsein des Universums zu bitten, ihnen zu helfen. Wie kommt das?

Die meisten von uns haben große Mühen auf sich genommen, ihr Leben so einzurichten, dass sie nicht um Hilfe bitten müssen. Wenn du nicht fragst, dann kannst du auch nicht enttäuscht werden, richtig? Wir geben vor, nicht zu fragen, und dann sind wir enttäuscht, weil sich das, was wir uns gewünscht haben, nicht gezeigt hat. Wir könnten sogar denken, unser Wunsch sei deshalb nicht in Erfüllung gegangen, weil mit uns etwas nicht stimmt.

Wenn du das Universum um das bittest, was du dir wünschst, dann wird das Universum dir den Wunsch erfüllen. Du kannst dich jedoch weder auf ein Ergebnis versteifen, noch kannst du dich darauf versteifen, wann sich das Gewünschte zeigen wird. Eine versteifte Ansicht ist: *„Es soll so aussehen. Es soll bis dann und dann verwirklicht werden. Dies soll daraus entstehen und wenn es das nicht tut, dann ist mein Leben beschissen. "*

Versteife dich nicht auf das Ergebnis

Wenn du sagst: *„Ich muss einen BMW M3 Baujahr 2002 für 10.000 Dollar haben, er darf so gut wie keine gefahrenen Kilometer haben und er muss Reifen für 2.000 Dollar haben und so muss er aussehen",* dann versteifst du dich auf ein Ergebnis. Sich auf einen zeitlichen Rahmen zu versteifen ist: *„Ich muss bis zum Monatsende 10.000 Dollar haben!"* Sind das Bitten? Nein. Ist Leichtigkeit darin? Nein.

Humane kreieren von Beschluss, Kraft, Anstrengung, Gewalt und Bewertung aus, während Humanoide dadurch kreieren, dass sie um Dinge bitten und ein Gefühl dafür bekommen, worum sie bitten. Du sagst: *„Ich frage mich, wie es sein würde, wenn das passieren würde. "* Zack. Es zeigt sich. *„Ich frage mich, wie es wohl wäre, wenn sich dies in meinem Leben zeigen würde. "* Zack. Da ist es. Du bittest das Universum um das, was du haben möchtest, und das Universum gibt es dir.

Es ist keine in Stein gemeißelte Entscheidung. Es ist nicht: *„Ich werde das tun! Ich verdiene es!"* Nein. Es ist leicht. *Es ist keine Anstrengung oder Kraft dahinter. Ich würde das gerne tun. Was braucht es, dass sich das in meinem Leben zeigt?*

Ich (Gary) habe einen Freund, der beschlossen hat, dass er mit einer bestimmten Dame Sex haben wird. Sie flirtete heftig mit ihm, sie gingen aus, um etwas zu trinken, und er sagte:

„Ich möchte keine Beziehung. Was mich interessiert, ist Sex."
Sie sagte: „Nun, das ist wunderbar. Ich habe gerade eine
Beziehung hinter mir und ich weiß, dass ich schon bald
wieder eine gute haben werde."
Am Ende des Abends sagte er: „Möchtest du mit auf mein
Zimmer kommen?"
Sie sagte: „Oh ja, das wäre großartig."

Seine Ansicht war, er habe ihr gesagt, er sei an Sex interessiert.
Versteifte er sich auf das Ergebnis? Ja. Sie äußerte, sie wolle eine
weitere gute Beziehung. Versteifte sie sich auf das Ergebnis? Ja.
Sie wollte eine Beziehung. Er wollte Sex.

Also gingen sie auf sein Zimmer und sie sagte: „Nein, nein,
ich möchte keinen Sex haben. Halte mich einfach die ganze
Nacht lang."
Er sagte: „Okay, ich halte dich, ich wollte niemals wirklich
Sex haben. Alles, was ich wollte war, dich zu halten."

Das Ergebnis war, dass er am nächsten Tag miese Laune hatte.

Ich fragte ihn: „Warum hast du nicht ‚Nein. Geh nach Hause'
zu ihr gesagt?"
Er fragte: „Kann ich das machen?"
Ich sagte: „Ja. Du kannst Nein sagen."
Er meinte: „Kann ich?"
Ich antwortete: „Klar. Nicht nur Frauen können Nein sagen.
Auch Männer können es."

Er hatte sich so darauf versteift, wie es ablaufen würde (Sex), dass
er nicht bereit war, ihren Standpunkt (Beziehung) zu hören. Sie
war so auf das Ergebnis fixiert, das sie haben wollte (Beziehung),
dass sie nicht in der Lage war, seinen Standpunkt (Sex) zu hören.
Keiner von beiden bekam, was er wollte.

Sie sah ihn an und dachte: „Dieser Mann wird perfekt für mich sein."

Er sah sie an und dachte: „Sie wird Sex mit mir haben. Es wird Spaß machen."

Hat einer dem jeweils anderen zugehört? Nein. Jeder hatte sich auf seine Ansicht versteift. Sie beide hatten einen Entschluss getroffen, der sie davon abhielt, in das Universum des anderen zu blicken und zu sehen, was verfügbar war.

Wenn du dich auf deine Ansicht versteifst, wird das, worum du bittest, nicht geschehen.

Wie würde es aussehen, wenn du dich nicht auf ein Ergebnis versteifen würdest? Sagen wir, du bist an einer Beziehung interessiert. Du triffst jemanden. Du hast das Gewahrsein, dass du dich zu dieser Person hingezogen fühlst. *„Er/Sie ist wirklich süß."* Du hast das Gewahrsein, dass er/sie die Qualitäten hat, die du dir wünschst. *„Er/sie ist wirklich klug und hat einen wunderbaren Sinn für Humor."* Und dann bist du in der Frage: *„Ist er/sie das, wonach ich suche?"*

Das ist anders als: *„Ich will eine Beziehung. Diese Person erfüllt alle meine Kriterien, aus diesem Grund muss er/sie für das, was ich möchte, zur Verfügung stehen. Jeder, der alle meine Kriterien erfüllt, muss für das, was ich mir wünsche, verfügbar sein."* Kannst du erkennen, wie sehr sich das „Sich auf ein Ergebnis versteifen" von präsent, gewahr und in der Frage sein unterscheidet?

Wenn du eine geschäftliche Besprechung hast, gehst du dann mit der Vorstellung hinein, dass du ein bestimmtes Ergebnis erzielen musst? Oder bist du offen für das, was möglich ist? Wenn du hineingehst, ohne dass du ein bestimmtes Ergebnis erzielen musst, dann kannst du herausfinden, was möglich ist, und was sich dann normalerweise zeigt, ist sogar mehr als das, wonach du eigentlich zu fragen gedachtest.

Wenn du die Vorstellung *„Das wird das Ergebnis sein"* hast, dann hast du dich auf ein Ergebnis versteift. Du siehst nicht mehr, was möglich ist, und siehst nur das Ergebnis, für das du dich entschlossen hast. Was unweigerlich eintritt, ist weniger als das, was möglich ist.

Warum ist das so? Du hast dir ein Urteil darüber gebildet, was notwendig ist, und wenn du ein Urteil fällst, dann bist du nicht in der Lage, etwas zu sehen, das nicht dieser Bewertung entspricht. Beschlüsse und Bewertungen schließen immer alles aus, was ihnen nicht entspricht. Du kannst nichts sehen, was nicht dem entspricht, was du bereits als Resultat beschlossen oder bewertet hast. Letzten Endes kreierst du Begrenzungen anstelle von Möglichkeiten. Verwende stattdessen die Vorstellung: *„Ich frage mich, was hier möglich ist."* Gehe mit einer Frage hinein.

Wenn Magie sich zeigt, dann erkenne an, dass du sie kreiert hast

Der letzte Schritt der Kreation dessen, was du gerne hättest, ist, anzuerkennen, was du kreiert hast. Du musst die Magie jedes Mal anerkennen: *„Oh wow, das ist cool. Ist das nicht großartig?"* Erkenne an, was du kreiert hast – und dann gehe zurück zur Frage: *„Wie habe ich das kreiert? Wie bekomme ich mehr davon? Wie wird es jetzt noch besser?"*

Wie kreierst du, was du haben möchtest?

Die einzelnen Schritte, wie du kreierst, was du haben möchtest, sind:

- Bekomme ein Gefühl dafür, wie es wäre, es zu haben.

- Äußere deinen Wunsch mit Leichtigkeit.

- Bitte um ein bisschen Unterstützung.

- Versteife dich nicht auf das Ergebnis.

- Wenn Magie sich zeigt, erkenne an, dass du sie kreiert hast.

- Gehe zurück zur Frage.

Kapitel neun

Was ist sonst noch möglich?

Dain ist so ein Geschenk für mich (Gary), sowohl als Freund als auch als Geschäftspartner, weil er immer fragt: „Was ist sonst noch möglich?" Wenn etwas aufkommt, kümmert er sich darum und dann sagt er: „Okay, nachdem das nun geklärt ist, was ist da noch?" Er hört niemals auf, Ausschau nach dem zu halten, was sonst noch möglich ist.

Erinnerst du dich daran, wie du als Kind die Einstellung zum Leben hattest: *„Okay, was können wir sonst noch machen? Hui, das hat Spaß gemacht. Was ist sonst noch möglich?"* Genau darum ging es. Du warst offen für jede neue Möglichkeit. Jeder Tag war aufregend. Deine Kindheit war in dieser Hinsicht magisch, bis irgendwann im Alter von fünf bis zehn Jahren etwas passiert ist und du danach überhaupt nicht mehr enthusiastisch im Hinblick auf Möglichkeiten warst.

Wir würden dich gerne wieder an die Begeisterung für das Leben heranführen. Es beginnt mit der Frage wie: *„Okay, was ist heute noch alles möglich? Was können wir sonst noch tun?"*

Die Magie in deinem Leben wird aus deiner wahrhaften Magie – deiner eigenen Präsenz – kreiert. Das hattest es als Kind und denkst, du hättest es jetzt nicht mehr. Als du ein kleines Kind warst, da warst du bereit, einfach du selbst zu sein. Das war alles. Du hast nicht versucht, etwas anderes zu tun. Du wolltest niemanden beeindrucken. Du warst einfach du.

Bist du als Kind morgens aufgewacht und hast siebenundzwanzig Mal die Schlummertaste gedrückt, bevor du aufgestanden bist? Himmel nein. Du warst um sechs Uhr morgens hellwach und deine Eltern sagten: „Schlaf doch noch ein bisschen. Gott sei Dank ist es Samstagmorgen. Geh und schaue dir Comicsendungen an, okay?"

Du sagtest dann: *„Okay, ich schaue Comicsendungen. Oh wow, die sind cool! Wollen wir zum Spielen rausgehen? Okay, das hat Spaß gemacht. Wollen wir etwas essen? Cool. Okay, das war genug Essen. Was wollen wir jetzt machen?"*

Was wäre, wenn du dein Leben so leben würdest? *Okay, was ist sonst noch möglich?*

Kapitel zehn

Bewusstsein ist in allem

Bewusstsein ist in allem. Bewusstsein ist in Steinen und Autos, in Häusern und Möbeln, ganz zu schweigen von Musikinstrumenten, Pflanzen und allen schönen Dingen. Alle Dinge besitzen Bewusstsein, und wenn du sie fragst, dann werden sie dir sagen, wo sie hingehen und wem sie gehören möchten.

Dein Haus weiß, von wem es bewohnt werden möchte

Dein Haus weiß, von wem es bewohnt werden möchte. Es gibt eine Schwingung, die sich gut anfühlt. Wenn die richtigen Leute in dein Haus kommen, dann wird es sagen: *„Oh, diese Menschen haben die richtige Schwingung."* Hast du jemals jemanden zum ersten Mal getroffen und eine sofortige Verbindung zu ihm oder ihr verspürt? Das ist, weil du mit diesem Menschen energetisch verbunden und energetisch präsent bist und die üblichen Barrieren nicht existieren. Das Gleiche kann passieren, wenn du etwas hast, das sich von selbst verkauft. Die Leute werden sagen: *„Oh, ich mag* *das. Es fühlt sich gut an, in dem Haus zu sein ... Ich mag diese Jacke wirklich ... Ich mag dieses Auto wirklich ... Ich mag dieses Lied. Es macht mich an."*

Deine Kreationen und Besitztümer haben ein Bewusstsein und ein Eigenleben. Du kannst ihnen sagen: *„Hey, ziehe Energie in dich selbst. Ziehe Energie zu dir und durch dich hindurch von allem und jedem, der nach dir suchen wird. Dann sende kleine Rinnsale aus zu allen Menschen, die nach dir suchen, dich aber nicht finden können, und gleiche den Energiefluss dann aus, wenn sie zu dir kommen."*

Ich (Gary) erläuterte einigen Freunden, die Immobilienmakler waren, eine Version hiervon. Ich sagte: „Okay, ziehe Energie vom ganzen Universum in das Haus und lasse kleine Rinnsale zu den Menschen fließen, die nach diesem Haus suchen und es nicht wissen. Wenn die Leute dann kommen, bitte das Haus, den Energiefluss auszugleichen."

Sie taten es und begannen, jedes Haus, das für Besichtigungstermine offen war, zu verkaufen. So etwas hat man noch nie gehört; in der Immobilienbranche passiert das nicht oft. Nur sehr selten werden Häuser bei Besichtigungsterminen direkt verkauft, doch hier war es so.

Andere Freunde nutzten das, um ihr Haus zu verkaufen, noch bevor es überhaupt auf dem Markt war. Sie hatten ein anderes Haus gefunden, das sie kaufen wollten. Sie gaben ein Angebot für das Haus ab, das von den Besitzern akzeptiert wurde. Sie sagten jedoch: „Wir werden nicht länger als 30 Tage warten, bis sie ihr jetziges Haus verkauft haben. Wenn sie dieses Haus möchten, dann werden sie einen Kaufvertrag ohne jegliche Eventualitäten unterschreiben müssen."

Unsere Freunde riefen uns an und fragten: „Was sollen wir tun?"

Wir rieten ihnen, Energie aus dem ganzen Universum in ihr jetziges Haus zu ziehen und kleine Rinnsale zu den Menschen fließen zu lassen, die danach suchten, und dann das Haus zu bitten, den Fluss auszugleichen, wenn diese durch die Tür traten.

Sie riefen uns drei Tage später an und erzählten: „Kurz nachdem wir angefangen haben, Energie zu ziehen, bekamen wir einen Anruf von einem Immobilienmakler, der sagte: ‚Besteht die Möglichkeit, dass sie ihr Haus zum Verkauf anbieten? Ich habe Kunden, die nach exakt so einem Haus suchen, wie sie es haben.'" Das war noch nicht alles. Nachdem sie mit diesen Leuten einen Kaufvertrag abgeschlossen hatten, meldete sich noch ein weiterer Interessent mit einem Kaufangebot.

Sie erzählten einem ihrer Freunde davon, und er sagte: „Ja, ja, ja, klar. Ich glaube nicht an diese Magie-Scheiße."

Drei Monate später meldete er sich und fragte: „Was war das noch mal für ein Zeug, das ihr gemacht habt, um euer Haus zu verkaufen? Unser Haus ist seit drei Monaten auf dem Markt und es kam noch nicht mal ein einziger Interessent, um es anzuschauen."

Sie sagten: „Okay, mache Folgendes", und sagten es ihm.

Innerhalb von zwei Wochen wurde ein Angebot für das Haus abgegeben, und es wurde noch im selben Monat verkauft.

Ich muss den Cadillac verkaufen

Als ich (Gary) entschied, meinen Cadillac zu verkaufen, verkaufte er sich von selbst. Es war ein Cadillac El Dorado Cabrio, Baujahr 1971. Schwarz mit rotem Leder innen. Ein schönes Auto. Es war nie auf dem Markt, niemals irgendwo zum Verkauf angeboten. Ich sagte nur leichthin: *„Ich muss den Cadillac verkaufen."* Drei Tage später fuhr meine Tochter damit, und jemand fragte sie:

„Besteht die Möglichkeit, Ihr Auto zu kaufen?"

Sie sagte: „Ja, mein Vater möchte es verkaufen."

Er fragte: „Für wie viel?"

Sie sagte ihm, was sie dachte, das der Verkaufspreis sei. Der potenzielle Käufer notierte sich die Telefonnummer, rief seinen Freund in Nordkalifornien an, der seit Ewigkeiten nach einem Auto wie meinem gesucht hatte, und der Typ kam bei uns vorbei und kaufte es. Zack.

Du ziehst Energie, lässt kleine Rinnsale davon zu all den Menschen im Universum fließen, die danach suchen, und gleichst die Energie aus, wenn sie sich zeigen. Bitte das Produkt oder das Haus oder das Auto oder was auch immer du verkaufst, den Energiefluss auszugleichen – die Energie frei in beide Richtungen fließen zu lassen – wenn die richtige Person auftaucht.

Es ist das Gleiche mit fast allem, was du besitzt und kreierst. Diese Kreationen haben Bewusstsein und sind in der Tat bereit, Wahlen zu treffen. *„Oh, ich bin ein Song. Okay, cool. Wer möchte mich hören? Will mich jemand hören?"* Der Song sagt: *„Ja, ich möchte gehört werden. Es ist echt cool für mich, gehört zu werden."* Dein Haus sagt: *„Ich möchte, dass jemand in mir wohnt, bei dem es sich gut anfühlt, wenn er da ist."*

Wenn du dein Haus verkaufst, dann gib dem Bewusstsein im Haus den Auftrag, sich selbst zu verkaufen. Nimm nicht an, du hättest ein Problem. Du hast keines. Erstens ist es kein Problem und zweitens kann das Haus wählen. Das Pferd kann wählen. Das Auto kann wählen.

Es klingt merkwürdig, darüber zu sprechen, eine Wohnung oder ein Haus oder ein Auto zu ermächtigen. Wenn du etwas jedoch dazu ermächtigst, von Bewusstsein aus zu funktionieren, wird es genau dies tun. Die Einzigen auf diesem Planeten, die kein Bewusstsein wählen, sind Humane – und Humanoide, die verzweifelt versuchen, so zu sein wie sie. Alles andere funktioniert von dem Bewusstsein aus, das es von Natur aus ist.

Hey, was machst du da oben?

Als ich (Gary) mein Pferd fragte, wem es gehören möchte, sagte es, es möchte Dain und nicht mir gehören. Jetzt ist es also Dains Pferd, und Dain muss sein Futter und seinen Stall bezahlen. Besitzt Dain das Pferd? Oder besitzt das Pferd Dain?

Einmal bestieg ich das Pferd, um Dain etwas zu zeigen, und das Pferd fragte: „Hey, was machst du da oben?"

Ich sagte: „Ich muss ihm nur etwas zeigen."

Das Pferd wurde unruhig und ich sagte: „Hey, lass mich ihm nur zeigen, wie man es macht, okay? Ich zeige ihm nur, wie man es macht, und dann steige ich ab."

Das Pferd ging drei Runden um den Platz und sagte: „Okay, steig ab. Dain weiß jetzt, was du ihm zeigen möchtest", und blieb einfach so stehen. Fertig. Steig ab. Okay, also gut. Es war für mich eine sehr neue Art, ein Pferd zu reiten. Ich war immer der Ansicht gewesen, ich hätte die Kontrolle. Ich war sehr dumm.

Werde mich los

Ich (Dain) hatte ein Auto mit einem Problem am Getriebe. Das Getriebe war kaputt und das Auto sagte: „Werde mich los. Es ist Zeit, dass wir getrennte Wege gehen, verdammt." Aber ich liebte mein Auto so sehr. Es war ein Eclipse.

Ich brachte es in die Werkstatt und der Mechaniker sagte: „Sehen Sie, Sie müssen das Ding jetzt loswerden. Es wird zwischen ein und zwei Riesen kosten, den Wagen zu reparieren, und er ist nur etwa sechs wert." Ich wollte ihn jedoch nicht loswerden, und ich wollte ihn nicht jemandem verkaufen, wenn er ein größeres Problem hatte, also fuhr ich weiter damit. Drei Monate später entschloss ich mich endlich, ihn zu verkaufen, und das Auto hörte sofort auf, dieses Geräusch zu machen, das es gemacht hatte. Ist das nicht interessant?

> Gary sagte: „Ich werde eine Anzeige für dich im Gebrauchtwagenmagazin aufgeben."
> Er gab eine Anzeige auf, die lautete: „Auto zu verkaufen. Eclipse und das Baujahr, sieht gut aus, 6.500 Dollar."
> Als er mir das erzählte, sagte ich: „Du hast nicht dazu geschrieben, dass das Auto schön und gut gepflegt ist und eine großartige Farbe hat."

Er hatte keines dieser Dinge in die Anzeige geschrieben. Und das Auto stand nicht in der Sparte mit den anderen Sportautos. Durch einen Fehler landete die Anzeige in der Mercedes-Sparte.

Gary fand das ziemlich witzig, denn als ich das Gebrauchtwagenmagazin bekam, sagte ich: „Mein Auto ist nicht drin."

> Er erwiderte: „Doch ist es. Ich habe für die Anzeige bezahlt."
> Ich sagte: „Es ist nicht drin."
> Das Telefon klingelte und der Anrufer sagte: „Ich habe ihr Auto im Gebrauchtwagenmagazin gesehen."
> Gary fragte: „Wo?"
> Der jugendliche Anrufer sagte: „In der Mercedes-Sparte."
> Gary fragte: „Warum hast du in der Mercedes-Sparte gesucht?"
> Er sagte: „Ich weiß es nicht. Ich habe das Magazin nur durchgeblättert. Ich wusste, irgendwo hier drin würde etwas sein, das mir gefallen würde."

Nur zwei Leute meldeten sich auf die Anzeige. Der erste rief an und erschien nicht, um sich das Auto anzuschauen. Der andere Anrufer war ein 17-jähriger Jugendlicher, der total aufgeregt war. „Ja, was hat es für eine Ausstattung? Und wie viele Kilometer? Und wie viel möchten Sie dafür haben? Bitte verkaufen Sie es nicht. Ich werde heute Abend bei Ihnen sein, ich verspreche es."

Ich sagte: „Okay, kein Problem. Ich werde auf dich warten."
Das Auto hatte diesen Jugendlichen angezogen.
Bevor ich ihm das Auto verkaufte, sagte ich: „Es könnte sein, dass es ein Problem mit dem Getriebe gibt. Ich bin mir aber nicht mehr sicher."

Er ließ es vom Mechaniker begutachten. Er hatte überhaupt nichts zu beanstanden. Der Mechaniker sagte: „Da ist nichts am Getriebe. Das Auto ist perfekt. Du wärst blöd, wenn du es nicht kaufen würdest."

Das Auto hatte nur bei mir ein Getriebeproblem. Es sagte: „Ich verschwinde aus deinem Leben. Du brauchst etwas anderes. Es ist an der Zeit für etwas Besseres." Das gab mir definitiv das Gewahrsein, wie man wechselt und ändert.

Das Auto wollte bei dem Jugendlichen sein. Er ließ es an und das Auto klang besser, als ich es jemals gehört hatte. Ich dachte: „Es schnurrt! Ist es möglich, dass das Auto glücklich ist?"

Anscheinend. Das Auto war glücklich und der Jugendliche ebenfalls.

Seine Mutter rief mich an und sagte: „Ich wollte mich nur bei Ihnen bedanken. Sie haben meinem Sohn so eine wertvolle Lektion erteilt, so direkt und aufrichtig, wie Sie waren."
Sein Vater schickte mir eine E-Mail, in der stand: „Wir haben

einen langen Weg des Autokaufs hinter uns. Ich möchte mich bei Ihnen bedanken, weil mein Sohn gelernt hat, dass es möglich ist, ehrlich zu sein und zu bekommen, was man möchte."

Wow. Ein cooles Auto, oder?

Kapitel elf

Dinge manifestieren

Humane haben in diesem Universum die Vereinbarung, durch lineare Konstrukte zu kreieren. Ein lineares Konstrukt ist: Man muss dies tun, um jenes zu bekommen. Es ist die Vorstellung einer linearen Quelle. Es ist eine Ursache-und-Wirkung-Betrachtungsweise von Kreation, die Kraft und Anstrengung verwendet. Lineare Konstrukte erzählen uns, Zeit und Geld seien real und es gebe in diesem Universum eine begrenzte Menge an Energie. Die meisten Menschen, und mit Sicherheit alle Humanen, funktionieren von linearen Konstrukten aus. Mathematiker und Wissenschaftler sind im Allgemeinen keine Humanen. Anstatt also zu sagen: „Okay, so ist das halt", halten sie danach Ausschau, was möglich ist. Dazu möchten wir dich auch ermutigen.

De-molekulare Manifestation

Humanoide haben die Fähigkeit, Dinge durch de-molekulare Manifestation in die Existenz zu bringen. Was heißt das? Es heißt, dass du zu den Molekülen sprichst, und die Moleküle verändern ihre Struktur und werden zu dem, worum du bittest. Wir nennen das de-molekulare Manifestation. Du bittest die Moleküle darum, ihre Struktur zu ändern. Sie de-molekularisieren das, was sie sind, und rekonfigurieren sich, um zu dem zu werden, worum du bittest.

Molekulare De-Manifestation

Bei der molekularen De-Manifestation bittest du darum, dass etwas verschwindet. Es funktioniert auf dieselbe Weise. Bei der molekularen De-Manifestation und der de-molekularen Manifestation geht es um deine Bereitschaft, mit allem zu kommunizieren; du bittest die Moleküle darum, deiner Bitte nachzukommen – und dann tun sie es.

Manchen Menschen widerstrebt es, dies zu tun. Sie sind nicht bereit, zu bitten und zu empfangen. Dies ist jedoch etwas, das man lernen kann. Du kannst die Moleküle darum bitten, das zu kreieren, was du dir wünschst.

Woher kommen all die Art-Déco-Stücke?

Als ich (Gary) mich vor zwanzig Jahren sehr für Antiquitäten interessierte, gab es – wann immer ich in einen Antiquitätenladen ging – einige heruntergesetzte Art-Déco-Stücke. Zwanzig Jahre später, nachdem alle Sammler weltweit alle heruntergesetzten Art-Déco-Stücke aufgekauft hatten, gibt es sogar noch mehr davon als zuvor. Man muss sich fragen: Ist das physisch möglich – oder kreieren wir etwas, das sich dann zeigt?

Meine Güte, wenn ich das gesehen hätte, dann hätte ich es gekauft

Bist du jemals in ein Geschäft gegangen und hast genau den Artikel gefunden, den du wolltest, in deiner Größe und exakt so, wie du es haben wolltest, und der Verkäufer sagte: „Meine Güte, wenn ich das gesehen hätte, dann hätte ich es auch gekauft." War der Artikel bereits in dem Geschäft, bevor du es betreten hast – oder hast du ihn kreiert? Hast du ihn de-molekular manifestiert, sodass er sich gezeigt hat? Als das passierte, hast du gedacht: *„Wow, was für ein glücklicher Zufall!"*, oder hast du anerkannt, dass du ihn kreiert hast?

Ein Top in Größe M und ein Unterteil in Größe S

Eine Freundin erzählte uns, dass ihr Vater ihr ein Outfit kaufen wollte. Sie trägt Oberteile normalerweise in Größe M und Unterteile in Größe S, sagte ihm das aber nicht. Als er sie nach ihrer Größe fragte, sagte sie: „Oh, Größe 34 oder 36." Er kaufte ihr also ein Outfit, und als sie die Verpackung öffnete, war darin ein Oberteil in Größe M und ein Unterteil in Größe S.

Wie häufig passieren diese sogenannten glücklichen Zufälle in deinem Leben – und wie häufig erkennst du sie als das an, was sie sind? Als etwas, das du kreiert hast.

Ich hätte gerne, dass es eine Fahrleistung wie ein Audi hat

Eine Dame, die eines unserer zweitägigen Magie-Seminare besuchte, sagte, sie wolle ein neues Auto haben. Sie sagte: „Okay, diese Art Auto würde ich gerne kreieren: Es soll Baujahr 2001 oder 2002 sein, mit einer großartigen und soliden Motorleistung. Ich möchte, dass es Spaß macht und eine Fahrleistung wie ein Audi hat."

Wir gingen alle zusammen zum Mittagessen und auf dem Parkplatz des Restaurants stand ein rotes Audi Cabrio mit einem „Zu verkaufen"-Schild an der Scheibe. Bitte und es wird dir gegeben werden. Sie rief dort an und es stellte sich heraus, dass der Besitzer sein Auto einem Freund geliehen hatte, weil der sein eigenes Auto gerade nicht hatte. Der Besitzer dachte sich, dass sein Freund vielleicht damit herumfahren und das Auto so von einem potenziellen Käufer gesehen werden könnte. Der Verkäufer verlangte 2.000 Dollar weniger, als es von dem amerikanischen Fahrzeugbewertungsunternehmen Blue Book bewertet worden war. Auf dem Nummernschild des Autos stand TIS ME (ICH BIN ES).

Ist das Magie genug für dich?

Anfangs konnte unsere Freundin das nicht empfangen. Sie beschloss, dass etwas damit nicht stimmte. Sie kaufte das Auto nicht, weil es zu einfach gewesen war. Wenn es nicht schwierig ist, werde ich mich nicht darauf einlassen. Am zweiten Kurstag hatte sie ihre Ansicht geändert; sie rief den Besitzer an, gab ein Angebot ab und das Angebot wurde akzeptiert.

Manche Menschen wollen nicht wissen, dass sie auf diese Art und Weise kreieren können. Sie müssten ihre Selbstzweifel aufgeben und Glauben an sich selbst haben. Wenn sie dies tun würden, dann würden sie anerkennen, dass sie die Dinge kreieren können, die sie gerne haben möchten.

Hier beginnt die Magie. Wenn du bereit bist, die molekulare Struktur des Universums zu bitten, dich zu unterstützen, wenn du bereit bist, wahrzunehmen, was möglich ist, anstatt vom linearen Konstrukt dieser Realität aus zu funktionieren, und wenn du bereit bist, dir selbst zu vertrauen, dann kannst du eine Wahl haben. Bist du bereit, die *„Ich habe keine andere Wahl, als"*-Ansicht aufzugeben und deine Fähigkeit, Magie zu wählen, einzufordern und zu besitzen? Oder möchtest du an deinen Begrenzungen festhalten?

Kapitel zwölf

Magie des Auftritts: Energie lenken und einsetzen

Wir coachen häufig Sänger und andere darstellende Künstler darin, wie sie Energie zur Verbesserung ihres Auftritts einsetzen und wie sie sich auf eine Art und Weise mit dem Publikum verbinden können, sodass sie unvergesslich werden. Eines der Dinge, die wir in unseren Seminaren gerne tun, ist, mit der Energie der Teilnehmer und ihren musikalischen Talenten und Fähigkeiten zu spielen.

Ganz egal, ob du einen Song verkaufen oder einen Job ergattern möchtest, es gelten die gleichen Prinzipien des Auftritts. Es spielt keine Rolle, ob du ein Lied vorträgst, eine Klasse unterrichtest, eine Besprechung leitest, ein Vorstellungsgespräch hast oder versuchst, dein Produkt oder deine Dienste denjenigen zuzuspielen, die sie haben möchten. Das gewünschte Ergebnis zu erzielen hat mit der Art und Weise zu tun, wie du dich mit deinem Publikum verbindest; es hat damit zu tun, wie du Energie lenkst und einsetzt.

Wenn du auftrittst, dann sollte das Publikum sich mit dir verbunden fühlen. Beginne damit, enorme Mengen an Energie von jedem im Publikum durch jede Pore deines Körpers und deines Wesens zu ziehen, bevor du die Bühne betrittst. Mache weiter, während du die Bühne betrittst, solange bis du weißt, dass jeder einzelne mit dir verbunden ist. Du wirst merken, wie sich dein Herz ein wenig öffnet. Dann ziehe während deines Auftritts weiterhin Energie und lasse die gleiche Menge an Energie zurück zum Publikum fließen. Ziehe nach dem Auftritt weiter Energie und lasse kleine Rinnsale zurück zum Publikum fließen, sodass dieses dich nicht aus dem Kopf bekommt.

Es gibt das Ziehen vor dem Auftritt, der Ausgleich des Flusses während des Auftritts und die kleinen Rinnsale nach dem Auftritt, die zurück zum Publikum fließen. Das Ziehen zu Beginn lockt das Publikum an und beim weiteren Ziehen erfährt es einen Zug in deine Richtung und verbindet sich mit dir. Wenn du am Ende kleine Rinnsale zum Publikum zurückfließen lässt, dann lässt dies das Publikum wissen, dass du die Quelle bist.

Da du ein unendliches Wesen bist, kannst du das für Milliarden Menschen gleichzeitig machen. Die meisten Leute neigen dazu, einen Auftritt oder eine Präsentation zu beenden und ihre Energie dann abzuschalten. Das ist ein Fehler. Schalte niemals deine Energie ab, denn wenn du das tust, dann unterbrichst du die Verbindung, die Menschen zu dir fühlen. Plötzlich verschwindest du aus ihrem Leben. Dies gilt auch für den Aufbau einer Beziehung. Wenn du eine Beziehung zu jemandem hast, dann unterbrich niemals die Verbindung. Erkenne an, dass du unendliche Möglichkeiten und Fähigkeiten hast. Du kannst Verbindungen zu Milliarden von Menschen gleichzeitig aufrechterhalten. Auf diese Art und Weise verkaufst du deine Platten oder deine Bücher oder deine Produkte.

Bekomme ein Gefühl dafür, wie es wäre, vor zehn Leuten aufzutreten

Bevor die Teilnehmer unserer Seminare auf die Bühne kommen und vor uns allen auftreten, bitten wir sie, ein Gefühl dafür zu bekommen, wie es wäre, vor zehn Personen aufzutreten. Wenn sie das tun, dann bitten wir sie, alle Gefühle und Reaktionen, die in Bezug darauf hochgekommen sind, aufzuheben, zu widerrufen, auszulöschen, zurückzufordern, abzuschwören, aufzukündigen und zu zerstören und zu unkreieren.

Dann bitten wir sie, ein Gefühl dafür zu bekommen, wie es wäre, vor 50 Leuten aufzutreten. Dann vor 100 Leuten. Dann vor 250 Leuten, und jedes Mal die Gefühle zu zerstören und zu unkreieren, die dabei hochkommen. Dann gehen wir zu 500 Leuten über. Manche Menschen bekommen Angst und kommen nicht über die Vorstellung hinaus, vor 500 Menschen aufzutreten. Das ist das Maximum an Personen, die sie in ihrem Leben zulassen. Dann bitten wir sie, ein Gefühl dafür zu bekommen, wie es wäre, vor 1 000 Leuten aufzutreten und die hochkommenden Gefühle zu zerstören und zu unkreieren. Dann 5 000 Leute, 10 000, 50 000, 100 000 Leute. Was ist das Gefühl, vor 100 000 Leuten aufzutreten? Zerstöre und unkreiere dieses Gefühl.

Dann gehen wir zu 500 000 über. Zu einer Million Menschen. Zu fünf Millionen. Was sind die Gefühle, die hochkommen, wenn es darum geht, vor 5 Millionen aufzutreten? Kannst du sie alle zerstören und unkreieren? Und jetzt 10 Millionen Menschen. Zerstöre und unkreiere alles, das dir nicht erlaubt, vor 10 Millionen aufzutreten. Jetzt trittst du vor einer Milliarde Menschen weltweit im Fernsehen auf und alle sehen dir zu.

Alle deine Leben, in denen du von der Bühne gezerrt wurdest, und alle Dinge, die du nicht zu empfangen bereit bist, die verfaulten Tomaten und rohen Eier, den Musikpreis und alles andere, von dem du beschlossen hast, dass du es nicht empfangen kannst, würdest du all das zerstören und unkreieren?

Alles, was dir nicht erlaubt, dich an alle Leben zu erinnern, in denen du der größte Künstler warst, den es je gab, und alles, was du über Ruhm und Reichtum beschlossen hast und wie scheußlich es war, jederzeit sichtbar zu sein und niemals einen Moment Privatsphäre zu haben, kannst du all das zerstören und unkreieren?

Wir fragen die Teilnehmer: „Was ist die eine Sache, die du bei deinem Auftritt nicht zu empfangen bereit bist, abgesehen von totaler Bewunderung, totaler Liebe und der Tatsache, dass alle Sex mit dir haben möchten?" Wir bekommen auf diese Frage interessante Antworten. Manche sagen: „Kritik", andere sagen: „Erfolg". Wie lautet deine Antwort? Was ist die eine Sache, die du bei deinem Auftritt nicht zu empfangen bereit bist, abgesehen von totaler Bewunderung, totaler Liebe und der Tatsache, dass alle Sex mit dir haben möchten?

Du musst bereit sein, alles von deinem Publikum zu empfangen.

Wir ließen diese Prozesse bei einer Dame in einem unserer Kurse laufen und als wir sie zehn Monate später trafen, erzählte sie uns, sie habe eine CD zusammengestellt und Auftritte als Topact in der Mustang Lounge und ihre Singleauskoppelungen würden im Radio gespielt, was im heutigen Musikbusiness nahezu unmöglich ist.

Ich fragte sie: „Wie sieht es jetzt mit deinem Lampenfieber aus?"

Sie sagte: „Ich habe keines mehr, seit wir diese Prozesse laufen ließen. Das Lampenfieber ist weg. Es existiert nicht. Ich trete auf die Bühne und singe ab dem ersten Moment großartig. Ich denke niemals, dass ich das nicht tun könnte."

Wenn du bereit bist, alles zu empfangen, dann sind alle Begrenzungen, alle Schmetterlinge im Bauch, das Lampenfieber und die Sorgen wie weggeblasen, und du kannst als du selbst präsent sein, dir dein Herz aus dem Leib singen und das empfangen, was die Leute bereit sind, dir zu geben.

Bist du bereit, jegliche Unterhaltung im Raum zum Verstummen zu bringen?

Wenn du ein großartiger Darsteller oder ein großartiger Redner, Lehrer oder eine großartige Führungskraft werden willst, dann musst du bereit sein, jede Unterhaltung im Raum zum Verstummen zu bringen und es für jeden im Raum unmöglich zu machen, ein Gespräch zu führen, sobald du auftrittst. Es sind nicht die Lautstärke oder die Intensität deines Auftritts, die dieses Ergebnis erzeugen, es ist vielmehr deine Bereitschaft, jeden in dein Universum hineinzuziehen.

So machen es alle großen Künstler ohne Ausnahme. So unterschiedliche Sänger wie Dolly Parton, Luciano Pavarotti, David Bowie und Bob Dylan ziehen bei ihren Auftritten jeden in ihr Universum hinein. Sie sind bereit, mit jedem im Raum Sex zu haben. Sie sind bereit, alle mit ihrer Stimme zum Orgasmus zu bringen.

Ziehe die Sexualness des Universums in deinen Körper

Wenn du etwas Langsames und Verführerisches singst, ziehe alle hinein, sodass du das Publikum dazu bringst, Sex mit dir zu haben, während du singst. Nicht durch die Bewegungen deines Körpers, sondern durch die Energie, die du kreierst. Ziehe die gesamte Sexualness des Universums in deinen Körper und singe Sex. Sexualness ist die heilende, nährende, fürsorgliche, kreative, freudvolle und expansive Energie des Universums. Das singst du zu den Leuten. Du singst zur orgastischen Fähigkeit in jeder einzelnen Person. Du legst das Versprechen auf Kopulation in dein Lied, ohne es jemals dazu kommen zu lassen.

Die Sexualness oder die expansive Energie des Universums in ein Lied zu legen ist so mächtig, dass es große Veränderungen in der Stimme eines Menschen bewirken kann. Wenn wir unseren Teilnehmern beibringen, dies zu tun, verändern sich Elemente in ihrer Kehle, die es ihnen nicht erlauben, Zugang zu ihrer gesamten Ausdruckskraft zu haben. Also verbessert sich nicht nur die Fähigkeit der Darsteller, Menschen in ihr Universum zu ziehen, sondern ihre Stimmen werden sich ebenfalls verändern. Uns wurde erzählt, dass es tatsächlich so ist, als hätte man Sex auf der Bühne. Sie erfahren einen anderen zellulären Ausdruck in ihrem Körper. Und wenn du Sex auf der Bühne hast, dann denkt jeder im Publikum, dass du Sex mit ihm hättest. Künstler wie Madonna tun dies. Sie lässt dich glauben, du hättest während ihres Auftrittes Sex mit ihr. Wir versuchen, dies für alle, die für uns singen, zu erreichen, sodass sie die Möglichkeit haben, dieses Ergebnis in allen Menschen zu erzeugen, mit denen sie kommunizieren.

Wir haben einen Freund in Nashville, der ein großartiger Songwriter ist. Das erste Mal, als er einen seiner Songs präsentierte, spielte er ihn vom Demoband. Der Typ, der sich die

Aufnahme anhörte, sagte: „Wer singt da? Es ist ein ziemlich guter Song, aber eine furchtbare Stimme! Du brauchst für das Demo jemanden mit einer besseren Stimme." Nun, unser Freund brachte seinen Freund Garth Brooks dazu, den Song aufzunehmen, und sie kauften ihn. Aber es war interessant: Er war ein großartiger Musiker, er schrieb die besten Songs, aber er hatte die verdammt schlechteste Stimme, die ich (Gary) in meinem ganzen Leben gehört hatte.

Als er eines Tages den „Level II"-Kurs von Access besuchte, fragte ich ihn, ob er einige Dinge mit seiner Stimme ausprobieren wollte. Wir nahmen die Energie in seiner Kehle, dort, wo er nicht singen konnte, und öffneten sie. Wir arbeiteten höchstens zwanzig oder dreißig Minuten daran, denn mehr kann niemand ertragen, und ich sagte: „Okay, sing heute Abend nicht mehr. Warte bis morgen. Bringe deine Gitarre mit und singe dann."

Als er am nächsten Tag im Kurs zu singen anfing, brach seine Frau in Tränen aus, ich brach in Tränen aus und der gesamte Kurs hatte eine Gänsehaut. Es war eine vollkommen andere Stimme. Ab diesem Zeitpunkt trat er auf der Hauptbühne des Grand Ole Opry auf, er nahm ein Album mit ein paar anderen Typen auf, das sich fünzigtausend Mal verkaufte und er tourte mit seinen Songs durch Irland, England und die USA. Die Leute sagen ihm Dinge wie: „Hey, deine Stimme klingt ziemlich gut. Wie machst du das? Sie wird immer noch besser."

Je mehr sie sang, desto lauter wurde geredet

Nach einem Seminar, das kürzlich stattfand, ging eine Gruppe von uns in ein Restaurant, in dem gerade eine Sängerin auftrat. Während sie sang, unterhielten sich alle Anwesenden. Je länger sie sang, desto lauter wurden die Gespräche. Niemand hörte ihr zu. Was passierte hier gerade? Die Sängerin war nicht bereit, die Gespräche mit der Sexualness, die sie ausstrahlen könnte, zu unterbrechen. Sie war nicht bereit, zu versprechen, dass die Zuhörer etwas Besseres als ihre Unterhaltungen haben könnten, besser als Sex und besser, als allein nach Hause zu gehen.

Die Sängerin kam auf dem Weg zur Toilette an unserem Tisch vorbei. Ich (Gary) sah sie an und lächelte, doch sie konnte das Lächeln nicht empfangen. Sie hatte Barrieren um sich errichtet. Ich sagte: „Wow, ist das nicht interessant? Ich habe sie nur angelächelt. Ich sagte: ‚Hi, wie geht's?', doch sie war nicht bereit, mich anzusehen."

Sie war nicht bereit, alle Gespräche beim Klang ihrer Stimme verstummen zu lassen. Sie war nicht bereit, gesehen und wahrgenommen zu werden, und sie war auch nicht bereit, empfangen zu werden. Wenn du einen Auftritt hast, wenn du vor Publikum sprichst oder ein Lehrer bist, musst du bereit sein, gesehen zu werden. Sie war nicht bereit, uns in ihr Universum einzuladen und uns glauben zu lassen, dass sie das Beste sei, das wir jemals erlebt hatten.

Eine Übung, die du machen kannst

Wenn du deine Fähigkeit, gesehen und wahrgenommen zu werden, verbessern möchtest, dann kannst du diese Übung machen: Geh in ein Café. Betritt es, stell dich an die Seite und ziehe Energie von allen Anwesenden, bis sie sich umdrehen und dich ansehen. Dann kannst du wieder nach draußen gehen. Oder du kannst bleiben und etwas kaufen, wenn du möchtest. Aber ziehe so lange Energie von allen im Raum, bis sie sich umdrehen und dich ansehen. Um dies zu erreichen, musst du bereit sein, wirklich gesehen zu werden und alles zu empfangen, was dir möglicherweise entgegengebracht wird.

Als Gary mich (Dain) bat, dies zu tun, dachte ich: „Okay, ich mache das." Ich habe mich beim Energieziehen sehr angestrengt. Das funktionierte nicht. Niemand drehte sich zu mir um. Dann bat ich einfach die Energie, zu ziehen, und die Leute fingen an, sich umzudrehen und mich anzusehen. Zuerst schienen sie überrascht, wie etwa *„Wonach drehe ich mich hier eigentlich um? Da drüben muss etwas Wichtiges sein. Was ist es?"* Ich war es, der Energie zog. In diesem Augenblick war ich das Wichtigste für die Leute.

Zu Beginn war ich nicht bereit, gesehen zu werden. Ich habe Barrieren errichtet, so wie die Sängerin es bei Gary getan hatte. Als ich jedoch weiter übte, wurde ich bereit, mich von den Leuten anschauen zu lassen und einfach mit ihnen da zu sein.

Bist du bereit, Pöbeleien zu empfangen?

Bist du bereit zu empfangen, dass das Publikum dir bei deinem Auftritt Blumen und Geld zuwirft? Bist du bereit, enorme Mengen an Geld, Gold, die Kronjuwelen und Menschen zu empfangen, die deinetwegen auf ihre Titel verzichten? Du musst bereit sein, Pöbeleien zu empfangen. Du musst bereit sein, gestalkt zu werden. Wir weisen darauf hin, dass wir nicht sagen, dass du angepöbelt oder gestalkt werden musst. Wir sagen, dass du bereit sein musst, Pöbeleien zu empfangen, weil, wenn du wirklich bereit bist, Pöbeleien zu empfangen, du dann auch bereit bist zu sehen, wann das geschehen wird, sodass du bereits an einem anderen Ort sein kannst, bevor der Mob eintrifft. Und falls es doch geschehen sollte und du nicht schnell genug wegkommst, dann kannst du noch etwas anderes tun. Du kannst dich unendlich machen – größer als das Universum – und niemand wird bemerken, dass du dort bist. Du kannst inmitten der Menge stehen und niemand wird dich sehen.

Gary macht das häufig. Wenn Gary und ich (Dain) zum Abendessen ausgehen und ich die Bedienung süß finde, dann macht Gary sich unendlich und die Bedienung setzt sich und spricht mit mir, als ob er nicht da wäre. Ich denke dann: *„Danke Gary, du bist ein guter Freund."* Es ist erstaunlich, ihn das tun zu sehen. Er ist direkt hinter mir und die Leute sehen ihn nicht. Du kannst das auch machen. Wenn du dich unendlich machst, größer als das Universum, wird niemand wissen, dass du da bist.

Du solltest dich definitiv nicht unendlich machen, wenn du auf der Bühne stehst. Wenn du auf der Bühne bist, dann musst du Energie von allen im Raum ziehen. Manche Menschen bewerten oder missverstehen das. Sie sind nicht bereit, enorme Mengen an Energie durch ihre Körper zu ziehen. Du musst in der Lage sein, den Chrom von einem 58-er Buick abzuziehen, der sich noch im Jahr 1958 befindet.

Du solltest bereit sein, die Energie so zu empfangen, als ob sie dich umwerfen würde, sie wird dich aber nicht umwerfen. Tatsächlich geht sie *durch* dich *hindurch*. Manche Leute denken, es gäbe sogenannte schlechte oder negative Energie oder Energie enthalte Absichten oder anderes übles Zeugs, das sie verletzen könnte, wenn sie Energie durch sich hindurchziehen. Hast du Bewertungen, die mit diesem Mist zusammenhängen? Es gibt nur Energie. Sie ist weder gut noch schlecht, richtig oder falsch. Allein unsere Bewertungen können etwas gut oder schlecht machen. Zerstörst und unkreierst du all diese Betrachtungsweisen bitte?

Für manche Menschen mit großen übersinnlichen Fähigkeiten kann es ein bisschen anders sein, weil sie alle Gedanken, Gefühle und Emotionen im Umkreis von 250 000 Kilometern um sich herum wahrnehmen. Wenn diese Menschen Energie ziehen, dann können sie auch die Gedanken, Gefühle und Emotionen von anderen um sich herum wahrnehmen. Dies ist ein Talent und eine Fähigkeit. Du kannst das auch, wenn du das willst, sogar wenn du weniger übersinnlich veranlagt bist, ich rate dir jedoch davon ab. Es geht hier mehr um das Kreieren einer energetischen Verbindung, und die Art und Weise, wie du das erreichen kannst, ist, Energie von allen im Raum zu ziehen, solange bis du fühlst, dass sich dein Herz ein wenig öffnet.

Wie kannst du das Publikum unter Strom setzen?

Wir haben herausgefunden, dass du dich umso energiegeladener fühlst, je mehr Energie von dir gezogen wird. Denke an einen wirklich großartigen Auftritt, den du erlebt hast. Hast du dich danach nicht unglaublich energiegeladen gefühlt? Ist das nicht die ultimative Kontrolle über einen Auftritt? Große Künstler begeistern das Publikum, indem sie Energie von ihm ziehen. Probiere es aus. Überlege einmal, wie viel mehr Energie dir dein Publikum gibt, wenn du selbst dich energiegeladen fühlst. Rate mal, wie viel besser dein Auftritt sein wird. Und wie viel mehr Energie das Publikum bekommen wird.

Bist du bereit,
jedem Zuschauer einen Orgasmus zu bescheren?

Wir können noch einen Schritt weitergehen. Es gibt gewisse menschliche Körperstellen, die du energetisch berühren kannst, um einen Orgasmus im Körper auszulösen. Als Darsteller solltest du bereit sein, jedem Zuschauer einen Orgasmus zu bescheren. Bist du bereit dazu? Wenn nicht: Alles, was du getan hast, um dich selbst daran zu hindern, wahrzunehmen, zu wissen, zu sein und zu empfangen, wie du jedem Zuschauer einen Orgasmus bescheren kannst, indem du nur die richtige Note, den richtigen Ton, die richtige Vibration, die richtige Energie … triffst, zerstörst und unkreierst du das alles und forderst das Talent und die Fähigkeit ein, dies zu tun, und machst sie dir zu eigen?

Energie ziehen funktioniert auch, wenn du fotografiert wirst. Wenn ich (Gary) fotografiert werde, ziehe ich immer die gesamte Energie des Universums durch mich hindurch. In New York wurde ein winzig kleines Foto von mir in einer kleinen Publikation für die Anzeige einer Ausstellung verwendet. Es war zweieinhalb auf zweieinhalb Zentimeter und unscharf. Ich stand vor ein paar Leuten, die sich die Anzeige ansahen und sagten: „Oh, lasst uns da hingehen. Das sieht nach einem guten Vortrag aus." Als sie vorbeigingen, sahen sie mich an und erkannten mich nicht als den Herrn auf dem Foto. Die Energie des Fotos hat sie angezogen. Wann immer du fotografiert wirst, ziehe Energie vom gesamten Universum durch dich hindurch und jeder wird in das Foto hineingezogen. Das ist Magie.

Wenn du Energie ziehst, dann kreierst du eine Verbindung zum Publikum

Du wirst eine stärkere Verbindung zu Darstellern haben, wenn sie Energie von dir ziehen. Das sind diejenigen, die du sehen möchtest. Es fühlt sich an, als ob sie dir näher wären, als ob da weniger Distanz zwischen euch ist, weniger Trennung. Dies ist ein wichtiger Effekt, der kreiert wird. Wenn du auftrittst und Energie ziehst, dann kreierst du eine Verbindung zum Publikum.

Wie machst du das? Du ziehst Energie, bis du spürst, dass dein Herz sich öffnet. Dann gleichst du den Energiefluss aus. Du bittest die Energie einfach, zu ziehen. Du musst nichts tun. Du musst noch nicht einmal jemanden ansehen. Du kannst all deine Aufmerksamkeit auf eine einzige Person richten. Und dann, nach dem Auftritt, stellst du deine Energie nicht ab. Du lässt kleine Rinnsale zum Publikum zurückfließen, bis du spürst, dass sich dein Herz noch mehr öffnet. Dies bewirkt, dass sie dich niemals vergessen werden können. So kreierst du dein zukünftiges

Publikum. Das funktioniert auch mit einer Person, zu der du dich hingezogen fühlst. Man wird über dich sprechen. Man wird mehr über dich wissen wollen. Man wird Fragen über dich stellen.

Bist du bereit, ein Erdbeben der Stärke 9 zu sein?

Manchmal bitten wir die Teilnehmer unserer Seminare, Energie zu ziehen und dabei die Person im Publikum anzusehen, mit der sie am wenigsten wahrscheinlich Sex haben würden. Oder drei oder vier Personen. Wir bitten sie zu singen, um diese Leute anzumachen. Wir sagen: „Okay, wir möchten, dass du diese Leute so glücklich machst, dass sie mit dir nach Hause gehen möchten."

Bist du bereit, ein Erdbeben der Stärke 9 im Leben von jemandem zu sein? Sieh jeden einzelnen Zuschauer an und lasse jeden wissen, dass er derjenige ist, mit dem du nach Hause gehen möchtest. Tue dies gleich zu Beginn, wenn du die Bühne betrittst. Fange damit an, jeden in dein Universum zu ziehen, wenn du die ersten Gitarrenakkorde spielst. Manche Menschen verstecken sich hinter einer Band. Sie zeigen sich nicht. Aber du solltest der Punkt sein, auf den alle blicken. Aller Leute Gedanken gelten dir. Alle möchten, dass du mit ihnen nach Hause gehst. So geht das.

Einer unserer Teilnehmer hat das in die Tat umgesetzt. Im Publikum waren drei mürrische Damen, die dem Tode so nah waren, dass sie fast nicht greifbar waren. Er fing an zu singen und noch während der ersten drei Zeilen begann eine von ihnen zu lächeln. Nach weiteren drei Zeilen lächelte die zweite und nach zehn Zeilen lächelte auch die dritte. Sie lächelten die ganze Zeit über und als der Song zu Ende war, applaudierten sie länger und kräftiger als alle anderen.

Die Leute können nicht sehen, was sie anderen geben. Warum siehst du nicht, was du gibst? Es geht nicht um Anstrengung.

Du musst die Anstrengung herausnehmen. Wenn du lernst, Energie zu lenken, werden dir die Leute zu Füßen liegen, wenn du vorbeigehst.

Möchtest du einen Job?

Wenn du einen Job haben möchtest, tue das Gleiche. Ziehe Energie von denen, die das Vorstellungsgespräch mit dir führen, noch bevor du dort bist. Gleiche den Energiefluss aus, wenn du das Gebäude betrittst. Wenn du das Gebäude verlässt, ziehe weiter Energie und lasse kleine Rinnsale zurückfließen. Wenn du das tust, dann werden sie dich nur schwer vergessen können. Sie können ihren Finger nicht genau darauflegen, aber sie werden sagen: *„Da ist irgendetwas an diesem Bewerber"*, und du wirst jedes Mal eingestellt werden. Es wäre aber besser, wenn du den Job wirklich willst, sonst hast du ein Problem.

Dies gilt nicht nur für Auftritte oder Anstellungen. Dies gilt überall dort, wo du eine Verbindung kreieren möchtest. Tue dies jedes Mal, wenn du möchtest, dass jemand dich nicht mehr aus seinem Kopf bekommt, ganz egal, ob es ein Job oder eine Person ist, mit der du eine Verbindung herstellen möchtest.

Es ist keine Anstrengung nötig

Vergiss nicht, dass Energieziehen sanft ist. Es braucht nicht viel Anstrengung. Du bittest die Energie einfach, zu ziehen. *„Ich ziehe nun, kreiere ein kleines Rinnsal zurück, okay, cool."* So einfach ist das, und erlaube, dass sie weiterfließt. Du musst nicht daran arbeiten. Du bittest nur darum, dass es geschieht und dann sagt das Universum: *„Oh, bitte und es soll dir gewährt werden. Okay, cool."* So einfach ist das.

Die Person muss sich noch nicht einmal im gleichen Raum befinden. Sie kann am anderen Ende der Welt sein und es funktioniert trotzdem. Dies kreiert den Raum für mehr Verlangen nach deinem Song oder deinem Produkt.

Wir neigen dazu zu denken, dass unser Produkt etwas Greifbares ist. Wir denken, dass das, was wir andern geben, eine *Sache* ist. Nein, es ist die *Energie.* Was du insbesondere mit deinem Auftritt kreierst, ist ein Energielevel, der Leute zu einer anderen Möglichkeit einlädt.

Wenn du Kunst oder Literatur erschaffst, wenn du irgendetwas kreierst, dann muss dir klar sein, dass dein Wert das ist, was du kreierst. Es ist die Energie, die du kreierst, nicht das, was du jemandem gibst.

Sexualness ist empfangen und schenken

Sexualness ist empfangen, darum betonen wir das. Wenn du nicht bereit bist, alles zu empfangen, dann hast du nichts zu verschenken. Es gibt kein Geschenk, wenn du nicht empfangen kannst. Du musst in der Lage sein zu empfangen, um zu schenken. Du musst schenken, um zu empfangen. Es ist alles gleichzeitig. Das Schöne daran ist, dass, wenn du auf diese Art und Weise auftrittst, du gleichzeitig empfängst und schenkst – und dein Publikum genauso.

Wenn du dem, was du tust, Sexualness – das Heilende, Nährende, Fürsorgliche, die Ausdehnung, die Kreativität, die unendlichen Möglichkeiten und der freudvolle Ausdruck von Leben, wenn du das in dein Wesen einbringst – hinzufügst, dann änderst du alle um dich herum. Du bringst diese Möglichkeiten ebenso in das Universum der andern wie in deines. Du zeigst ihnen, dass diese Dinge tatsächlich in ihrem Leben sein können.

Du hast die Fähigkeit, ein Gespür für Möglichkeiten im Leben von jemandem zu kreieren, sei es durch Gesang oder als Redner oder durch ein Gespräch. Indem du diese Qualitäten verkörperst, lässt du Barrieren verschwinden und präsentierst anderen Menschen neue Möglichkeiten. Du sagst: *„Schau, du kannst das auch sein."*

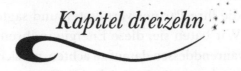

Kapitel dreizehn

Songtexte

Manchmal verstehen Sänger ihre Songtexte nicht, und manchmal müssen sie die Emotionen erzeugen, die in ihrem Song zum Ausdruck kommen. Wir übten einmal mit einer Dame, die „Stormy Weather" sang. Sie sagte, es sei stürmisches Wetter, weil sie ihren Mann verloren habe, aber das bedeutete es nicht für sie. Vielleicht dachte sie: *„Endlich bin ich diesen Scheißkerl los, und jetzt bin ich glücklich."* Für sie war es nicht real, dass das Wetter stürmisch war, weil sie und ihr Mann nicht zusammen gewesen waren. Vielleicht war es für sie sonniges Wetter.

Ein anderer Song, der etwas mehr dem entsprochen hätte, was real für sie war, wäre vielleicht eine bessere Wahl gewesen. Aber mal ehrlich, singen Sänger Songtexte, weil sie real für sie sind, oder singen sie Songtexte für Menschen, deren Ansichten diesen Texten entsprechen?

Wir baten sie, sich 100 Kilometer in alle Richtungen auszudehnen und alle Leute zu sehen, die sich nach ihren geliebten Menschen sehnten und die ihre Partner vermissten und sagten: *„Ich bin so arm dran."* Wir baten sie, diese Energie in ihren Körper zu bringen und währenddessen darauf zu achten, wo sich ihre Kehle zuschnürte. Dann baten wir sie, von diesem Ort aus zu singen, um die Emotion dieses Songs zu erzeugen. Da gibt es diese Engstelle in der Kehle, und Menschen mit dieser Emotion funktionieren von dieser Stelle aus. Sie sprechen von dieser Stelle aus, wenn sie sagen: *„Ich vermisse meinen Mann. Was werde ich ohne meinen Geliebten anfangen? Ich werde sterben."*

Sie tat es. Sie nahm die Energie des Songs auf und als sie erneut zu singen begann, zitterte ihre Stimme vor Emotion und es war so bewegend, dass das Publikum anfing zu weinen.

Als Beispiel dafür kannst du jetzt sofort Folgendes tun: Dehne dich 200 Kilometer in alle Richtungen aus, fühle alle Obdachlosen auf der Welt und denke daran, wie es wäre, obdachlos zu sein. Fühle diese Energie. Ziehe sie in deinen Körper. Wo macht es bei dir zu? Wenn du einen Obdachlosen spielen oder als Obdachloser singen würdest, müsstest du in der Lage sein, diese Energie in deinen Körper zu ziehen und eine Stelle finden, von der aus du sprechen oder singen kannst. Du müsstest die Worte und die Energie von dort aus hervorbringen, denn das ist die Wahrheit des Da-Seins. Das kreiert einen phänomenalen im Gegensatz zu einem guten Auftritt.

Wenn wir diese Übung in unseren Seminaren machen, hören wir Qualitäten in den Stimmen der Teilnehmer hervorkommen, die wir zuvor nicht gehört hatten. Das Ziehen dieser Energie kreiert ein Vibrato und plötzlich ist die Emotion da. Es ist eine Möglichkeit der Verkörperung der Energie des Songtexts. Aus den Kehlen der Sänger kommen die Emotionen, die diese Menschen leben. Das funktioniert auch für Schauspieler und Schauspielerinnen.

Ich (Gary) arbeitete mit einer Schauspielerin, die eine Königin spielen sollte. Sie sagte: „Ich bekomme diese Rolle einfach nicht hin."

Ich sagte: „Dehne dich 10.000 Kilometer in alle Richtungen zu allen Königinnen dieser Welt aus und überall dahin, wo es ihnen nicht erlaubt war, zu sprechen." Das tat sie, und was aus ihrem Mund kam, war vollkommen anders als zuvor. Sie legte ihr altes Selbst ab und wurde zur Königin.

Kapitel vierzehn

Magie, Arbeit und Geld

Kreation ist der unterhaltsame Teil:
Geld ist ein Nebenprodukt

Einer der sehr interessanten Unterschiede zwischen Humanen und Humanoiden ist, dass Humanoide nicht für Geld arbeiten. Wenn ein Humanoider etwas kreiert oder einen Dienst erbringt und jemand es empfängt und dankbar dafür ist, dann ist das schon ausreichend. Der Austausch ist damit beendet. Sie sagen: *„Das ist cool!"*, und das war es. Ihre Energie darauf ist abgeschlossen.

Geld hat nichts mit der kreativen Kapazität von Humanoiden zu tun oder ist etwas, das sie motiviert. Geld ist ein Nebenprodukt. Es ist ein zweitranging. Die meisten Humanoiden würden es vorziehen, sich nicht mit Geld abzugeben und ihm keine Aufmerksamkeit zu schenken, weil es nichts mit ihrer kreativen Fähigkeit zu tun hat. Für sie ist Kreation der unterhaltsame Teil. Wenn sie etwas kreieren, schauen sie sich um und fragen: *„Was kann ich sonst noch kreieren?"* Für sie ist Kreation das, was Energie bewegt. Die gesamte Energie im Universum eines Humanoiden geht in die Kreation.

Wenn du ein Humanoider bist, dann ist es wichtig, dir dessen bewusst zu sein. Wenn du nicht bereit bist, das Nebenprodukt für deine Arbeit oder deine Dienste zu empfangen, dann wirst du für deine Bemühungen nicht bezahlt werden. Du wirst das Geld tatsächlich sogar wegstoßen. Du wirst verhindern, dass es hereinkommt. Du wirst dich weigern, es entgegenzunehmen, obwohl es dir zusteht. Du wirst nicht darum bitten.

Bitten unterscheidet sich von empfangen

Du musst bereit sein, um Geld zu bitten. Du musst bitten – und es wird dir gewährt werden. Bitten unterscheidet sich in der Tat von empfangen. Es sind zwei verschiedene Dinge. Du denkst: *„Wenn es vom Himmel fällt, sicher, dann werde ich es nehmen, ich bin mir aber nicht sicher, ob ich bereit bin, darum zu bitten."* Aber du musst in der Lage sein, mit Leichtigkeit um Geld zu bitten.

Für Humanoide kann das verwirrend sein, weil sie Dinge nicht für Geld tun können, und doch ist die Ansicht, mit der sie aufwuchsen: *„Man tut nur etwas, um Geld dafür zu bekommen, und wenn du nicht dafür bezahlt wirst, dann ist es nichts wert."* Es hat jedoch für Humanoide noch nie funktioniert, wenn sie versuchen, für Geld zu arbeiten. Sie versuchen, sich der humanen Realität von Geld anzupassen, und das bereitet ihnen große Schwierigkeiten. Es ist wichtig zu verstehen, dass wir als Humanoide eine andere Sichtweise haben, und wir müssen auch bereit sein, das Nebenprodukt unserer Bemühungen zu empfangen. Wir müssen in der Lage sein, um Geld zu bitten – und es zu empfangen.

Bist du bereit, ein Geschenk anzunehmen?

Ist dir klar, dass es ein Geschenk ist, wenn Leute dir Geld geben?

Die meisten von uns denken, es sei eine Zahlung oder eine Verpflichtung, und häufig erkennen wir das Geschenk nicht an oder zerstören es. Wir sind nicht bereit, Geschenke, die andere uns machen, anzunehmen; wir sind nicht bereit, das Geld, den Sex, die Liebe oder was auch immer es ist, zu haben. Aus welchem Grund kannst du die Liebe des Mannes, mit dem zu zusammen bist, nicht empfangen? Aus welchem Grund kannst du das Geld von deinen Klienten oder Kunden nicht empfangen?

Manche Leute denken, dass eine Verpflichtung und andere Verstrickungen mit dem Empfangen verbunden sind. Sie haben beschlossen, es sei einfacher, nicht zu empfangen. Entschuldige mal, hast du die Ansicht, Geld sei eine Verpflichtung und eine Verantwortung und du müssest es richtig verwenden und richtig damit umgehen und wenn du nicht richtig damit umgehst, du dann in Armut sterben wirst? Das ist eine gute Ansicht.

Aber ...

Manchmal erzählen uns Leute, sie könnten Geschenke von anderen ganz gut annehmen, sie hätten jedoch Schwierigkeiten damit, Geld anzunehmen. Sie sagen Dinge wie: *„Ich kann Geschenke annehmen, ich habe aber Schwierigkeiten, Geld anzunehmen."* Aber. Achte auf das *Aber.* Leute verwenden das Wort *aber,* um das zu entkräften, was sie soeben gesagt haben. Sie machen es inexistent.

Dieses *Aber* schneidet die Magie ab; es macht die magischen Möglichkeiten zunichte. *„Ich kann empfangen, aber ..."* Sobald du *aber* sagst, negierst du alles, was du über deine Fähigkeit zu empfangen gesagt hast. Du wertest alles ab und zerstörst alles, was vor dem *Aber* kam. Du sagst: *„Ich kann die Magie wirklich nicht haben."* Du versuchst, das zu erhärten, von dem du beschlossen hast, dass du es empfangen wirst, im Gegensatz zu dem, was du nicht empfangen wirst.

Sei kein Aber-Sager.

Du bist ein Geschenk

Nicht nur musst du bereit sein, Liebe und Geld und was die Leute dir auch sonst noch schenken möchten, zu empfangen, du musst auch bereit sein, dich selbst zu empfangen. Wenn du dich weigerst zu sein, wer du wirklich bist, dann bittest du darum, unterbezahlt zu werden. Du wertest dich ab. Wenn du nicht bereit bist, du selbst zu sein, wenn du nicht bereit bist, so dynamisch, fabelhaft und wunderbar und das Geschenk zu sein, das du wirklich bist, dann wertest du dich ab.

Versuchst du zu beweisen, dass es richtig ist, nicht du selbst zu sein? Das bedeutet, dass du dir niemals erlauben wirst, all das Geld zu haben, das du haben könntest. Du erlaubst dir nicht, all die Freude zu haben, die du haben könntest. Du erlaubst dir nicht, die Freiheit zu haben, die du haben könntest. Und du erlaubst dir auch nicht, das ganze Bewusstsein zu haben, das du haben könntest. Alles das, weil du immer zu beweisen versuchst, dass es einen Grund für deine Abwertung gibt. Dafür, nicht du selbst zu sein.

Du musst bereit sein, deinen Wert zu sehen. Wertest du deine Fähigkeit, dein Können, deine Talente, deinen Wert und das Geschenk ab, das du bist? Was würde es brauchen, damit du das Geschenk, das du bist, einforderst, besitzt oder anerkennst und tatsächlich in der Lage sein kannst, es zu empfangen? Du bist ein Geschenk, weil du ein Humanoider bist. Du bist ein Geschenk, weil du kreativ bist. Du bist ein Geschenk, weil du bewusst bist. Du bist ein Geschenk, weil du gewahr bist.

Kapitel fünfzehn

In diesen 10 Prozent steckt Magie

Wir coachen häufig Leute mit Geldthemen und eines der Dinge, die sie uns erzählen, ist, dass sie kein Geld sparen. Wenn sich Geld in ihrem Leben zeigt, sparen sie es nicht, sondern sie geben es aus.

Du musst etwas über Geld wissen: Du musst 10 Prozent von dem zurücklegen, was du verdienst. Lege 10 Prozent von jedem Dollar zurück, der hereinkommt und gib dieses Geld für nichts aus, niemals. Wenn Leute diesen Rat hören, tun sie häufig so, als ob dies der irrsinnigste Rat sei, den sie jemals gehört haben. Jedoch ist das Zurücklegen von 10 Prozent eines der dynamischsten Dinge, die du tun kannst, um deine Geldflüsse zu steigern.

Wieder und wieder berichten uns Leute, dass es funktioniert. Wenn du 10 Prozent von jedem Dollar, der hereinkommt, zur Seite legst, dann wird sich innerhalb eines Jahres deine finanzielle Situation verändert haben. Manche Leute sagen sogar, die Situation verändere sich binnen weniger Monate.

Warum funktioniert es?

Warum funktioniert es? Es funktioniert, weil für dich als Humanoider Energie die Quelle von allem ist. Die Energie davon, Geld auf der hohen Kante zu haben, erzeugt die Bereitschaft, mehr zu bekommen. Du fängst an, mehr von der Welt zu verlangen. Als ich (Gary) einen bestimmten Geldbetrag angespart hatte, dachte ich: *„Boah, das ist cool. Ich frage mich was es bräuchte, die doppelte Summe auf meinem Konto zu haben."* Und das Geld strömte herein. Ich dachte: *„Nun, das ist cool. Wie wird es jetzt noch besser?"* Und noch mehr Geld kam herein. Ich sagte: *„Das ist echt cool. Wie bekomme ich noch mehr?"*

Geld auf die hohe Kante zu legen und es sich vermehren zu lassen bringt es von dort weg, wo es bedeutungsvoll ist. Es hat nicht länger mit dem nackten Überleben zu tun. Eine wachsende Menge an Geld zu haben bringt dich dorthin, wo dir klar wird, dass du es tatsächlich kreieren und haben kannst. Das, was uns davon abhält, Geld zu haben und zu kreieren, ist die Vorstellung, dass wir nicht genug davon haben. In diesen bescheidenen 10 Prozent steckt Magie. Wenn deine Ersparnisse eine gewisse Summe erreichen, dann fühlst du dich plötzlich sicher. All diese Sicherheitsthemen, die du immer hattest, all die Vorstellungen, dass da niemals genug sein wird, verschwinden. Du lebst mehr und mehr im Überfluss. Du kannst dein Geld sogar zu Hause aufbewahren, es auf dem Bett ausbreiten und dich nackt darin wälzen.

Es ist wichtig zu verstehen, warum du deine 10 Prozent zur Seite legst. Ein Jahr, nachdem wir in Neuseeland einen Kurs gehalten hatten, kehrten wir dorthin zurück, und ein Teilnehmer, der damals im Kurs dabei war, sagte: „Dieser Mist, von dem ihr sprecht, diese 10 Prozent, das funktioniert nicht."

Ich (Gary) fragte ihn „Hast du es denn gemacht?"

Er sagte: „Ja."

Ich sagte: „Okay, erzähle mir davon."

Er sagte: „Nun, ich habe es getan, seit du mir damals sagtest, ich solle es tun und ..."

Hm. Er tat es, weil ich ihm sagte, er solle 10 Prozent sparen? Klingt das so, als ob er sich selbst ehrt? Klingt das so, als ob da Freude oder Anerkennung wären, weil er es schaffte, die 10 Prozent auf die hohe Kante zu legen, weil er so verdammt wohlhabend war, dass es keine Rolle spielte? Klingt das so, als ob er sich zum Ziel gesetzt hätte, mehr Fülle in sein Leben zu bringen? Nein. Diese Ansicht hatte er nicht. Er tat es, weil ich es ihm gesagt hatte – was überhaupt nicht das ist, was ich ihm gesagt hatte.

Kann ich meine 10 Prozent dafür verwenden, Schulden zu begleichen?

Leute fragen uns, ob sie ihre 10 Prozent zum Begleichen ihrer Schulden verwenden können. Die Antwort ist Nein. Um *zusätzliches* Geld zu kreieren, um Schulden abzubezahlen, lege 10 Prozent auf die hohe Kante. So erhöhst du die Menge an Geld, die hereinkommt. Was ist wertvoller, du oder deine Schulden? Wenn du deine Schulden abbezahlst, bevor du die 10 Prozent zur Seite legst, dann machst du deine Schulden wichtiger. Stellst du sicher, dass du all deine Rechnungen pünktlich begleichst? Ist dir jemals aufgefallen, dass du immer mehr Rechnungen erhältst? Das kommt daher, dass du dem Universum sagst, dass du es magst, deine Rechnungen zu bezahlen. Du stellst die Rechnungen über dich, also gibt dir das Universum mehr Rechnungen zum Bezahlen. Ist das nicht cool?

Der Wert der 10 Prozent ist, dich selbst zuerst zu ehren. Du bekommst das Geld und du legst es weg, bevor irgendetwas passiert. Du sagst damit dem Universum – und dir selbst –, dass du dich ehrst. Du stellst dich selbst über deine Rechnungen. Wenn dies bedeutet, Rechnungen auch mal einen Moment liegen lassen zu müssen, dann tue das. Ehre dich selbst.

Das holt dich aus der Vorstellung heraus, von der aus du funktioniert hast, nämlich, dass Rechnungen an erster Stelle stehen. *Rechnungen sind wichtig – ich muss meine Rechnungen bezahlen.* Stattdessen sagst du: *„Ich ehre mich selbst. Ich bin wertvoller als diese Rechnungen."* Kannst du dir vorstellen, dass du noch wertvoller als Rechnungen bist? Was würde das für deine finanzielle Situation bedeuten?

Gib die 10 Prozent nicht aus!

Beim Zurücklegen der 10 Prozent geht es darum, Geld zu *haben*, und nicht darum, es auszugeben. Gelegentlich wirst du vielleicht etwas Dummes tun, wie beispielsweise zu beschließen, dass du so viel hast, dass du es ausgeben kannst. Ich (Dain) hatte eine schöne Summe zusammengespart und beschloss, an mein Erspartes zu gehen, um einige Dinge zu bezahlen.

Ich ging an meine 10 Prozent und gab einen großen Teil davon aus und sofort hörten die Anrufe der Leute auf, die nach Sitzungen fragten. Alles versiegte. Ich konnte es spüren. Ich fühlte mich, als liefe ich allein durch die Wüste. Niemand wollte etwas mit mir zu tun haben. Ich brauchte einige Wochen, bis mir klar wurde, dass ich meine 10 Prozent ausgegeben hatte, und ich sagte: *„Weißt du was? Von jetzt an, ganz egal, was es braucht, ganz egal, was passiert, ich lege die 10 Prozent zurück."* Seither habe ich es konsequent gemacht und während ich es weiterhin tue, steigt mein Einkommen stetig.

Was du eigentlich sagst, wenn du die 10 Prozent ausgibst, ist: *„Ich habe keine andere Wahl, als dieses Geld auszugeben."* Keine Wahl ist was? Hast du deine Unendlichkeit aufgehoben? Frage stattdessen: *„Okay, was erfordert es von mir, dass ich genügend Geld kreieren kann? Okay, was muss ich sonst noch tun? Was ist sonst noch möglich?"* Dreht es sich in deiner Realität eher um keine Wahl als um *unendliche Wahl?* Zerstörst und unkreierst du bitte alles, was du getan hast, um dies zu kreieren? Die wirkliche Magie im Leben ist die Bereitschaft, unendliche Wahl zu haben.

Du musst deine Perspektive ändern. Du lebst eher von „Ich kann nicht" als von „Ich kann". Du lebst eher von „Ich habe nicht" als von „Ich habe". Du musst deine Ansicht ändern – diese ist es, die dich im Moment blockiert. Und du kannst deine Ansicht ändern, indem du 10 Prozent auf die hohe Kante legst.

Wenn du Geld auf der Bank hast und die 10 Prozent immer zurücklegst, wirst du vielleicht an einen Punkt kommen, an dem du darüber nachdenkst, etwas zu kaufen. Du denkst vielleicht: *„Okay, ich habe das Geld. Nun, möchte ich das Ding wirklich kaufen? Ich könnte das Geld abheben und es kaufen. Aber möchte ich es wirklich haben?"* Du wirst feststellen, dass du es plötzlich nicht mehr haben möchtest, weil es nichts ist, das du nicht haben kannst. Es ist etwas, das du haben kannst. Unser Wunsch, Dinge zu kaufen, basiert häufig darauf, dass wir denken, dass wir Dinge nicht haben können.

Einmal sagte ich (Gary) zu jemandem: „Ich kann kaum den Tag erwarten, an dem ich jederzeit 100.000 Dollar auf meinem Girokonto haben werde."

> Er sagte: „Das wäre verzinslich, oder?"
> Ich sagte: „Nein."
> Er sagte: „Du würdest das Geld nicht auf ein zinsbringendes Konto legen?"
> Ich sagte: „Nein."

Er fragte: „Warum würdest du das nicht tun?"
Ich sagte: „Wenn ich so viel Geld hätte, dann würde ich mich nicht um diese mickrigen Zinsen scheren." Wann wirst du dir selbst gestatten, so viel Geld zu haben, dass du dir keine Gedanken um die Centbeträge machst?

Kann ich meine 10 Prozent anlegen?

Es spielt keine Rolle, ob du deine 10 Prozent unter dein Kopfkissen legst oder auf ein Sparkonto einzahlst. Leg sie einfach zurück. Die 10 Prozent werden nicht angelegt. Stecke sie nicht in Kapitalanlagen. Wenn du unbedingt in irgendetwas investieren möchtest, dann investiere in etwas, von dem du weißt, dass es funktionieren wird, und von dem du energetisch erkennst, dass es die richtige Schwingung für dich hat. Es spielt keine Rolle, was andere dir vorschlagen. Gib dein Vermögen nicht jemandem, der sagt: „Das ist ein guter Fonds. Er wird noch steigen." Ich (Gary) habe es ausprobiert und die Aktien fielen alle. Ich sagte: *„Okay, von nun an werde ich das nicht mehr tun, es sei denn, es fühlt sich richtig an."* Also habe ich in einige Fonds investiert, von denen ich sagte: *„Okay, dieser fühlt sich richtig an, das werde ich machen."* Und sie sind alle gestiegen.

Natürlich, als ich entschied, es sei an der Zeit, sie zu verkaufen, tat ich es nicht – und sie alle fielen, weil ich meinem Wissen nicht gefolgt war; ich hörte eher auf meinen Börsenmakler als auf mich. Das war ein Fehler.

Hör auf vorzugeben, du müssest dich um die Kinder kümmern

Eine Mutter fragte uns, was sie ihren Kindern sagen solle, wenn nach dem Zurücklegen der 10 Prozent kein Geld mehr da war, um etwas zu kaufen, das die Kinder sich *wünschten*. Sie mochte das Gefühl nicht, das sie energetisch kreierte, indem sie sagte: „Nein, wir können das nicht kaufen", oder „Nein, dafür haben wir kein Geld".

Wir rieten ihr, den Kindern zu sagen: „Ich habe das Geld dafür im Moment nicht. Würdet ihre gerne etwas tun, um einen Teil davon zu verdienen, und ich werde euch dabei helfen?"

Hör auf vorzugeben, du müssest dich um die Kinder kümmern. Kinder sind unglaublich. Sie können sich um sich selbst kümmern. Deine Kids haben mehr Kraft in ihrem kleinen Finger als die meisten Menschen in ihrem ganzen Körper. Bring ihnen bei, in der Frage zu leben. Was passiert, wenn sie fragen: *„Okay, ich frage mich, was es braucht, damit das geschieht?"* Sie werden eine Art von Magie kreieren, die dich umhauen wird. Sie werden nach draußen gehen, einen Verkaufsstand aufbauen, an dem sie Limonade verkaufen, und alle Leute werden anhalten.

Ich (Gary) sehe ständig Kinder, die das mit dem Verkaufsstand machen, und wenn ich sehe, dass eine Mutter dabei ist, um ihnen zu helfen, dann halte ich nicht an. Wenn ich aber Kinder sehe, die das allein bewerkstelligen und ausstrahlen: *„Hi, komm rein"*, und die die Energie davon kreieren, dann halte ich jedes Mal an und gebe ihnen einen Dollar für ein Getränk, das 25 Cent kostet. Warum ich das tue? Ich möchte sie in der Energie, die sie ausstrahlen, bestätigen. Ich möchte, dass sie verstehen, dass das, was sie kreieren, mehr wert ist als das, was sie dafür verlangen. Was wäre, wenn wir so etwas ständig tun würden?

Kapitel sechzehn

Musst du ein Produkt lieben, um es verkaufen zu können?

Viele Humanoide, die im Verkauf arbeiten, glauben, man müsse ein Produkt lieben, um es verkaufen zu können. Sie denken, sie müssten an die Integrität des Produkts glauben. Sie sagen, sie könnten nur ein gutes Produkt verkaufen. Das hört sich so lange toll an, bis klar wird, dass ihre Verkaufsfähigkeit auf einer Bewertung beruht: Ist das Produkt gut oder ist das Produkt schlecht? Sie denken es sei schlecht, ein Produkt zu verkaufen, an das sie nicht glauben. Das Problem dabei ist, dass ihre Bewertung sie blind für den Käufer macht. Wissen sie, was der Käufer möchte? Nein. Haben sie den Käufer gefragt, ob das Produkt kaufen möchte und es gewünscht wird? Nein.

Dadurch sind die Leute durcheinander und der Grund für diese Verwirrung ist, dass sie eine vorgefertigte Meinung haben.

Sie denken, sie machen es richtig, wenn sie ein gutes Produkt verkaufen. Aber in welchem Maße du auch immer denkst, du hättest die richtige Ansicht, du hast dort eine Begrenzung, die du nicht überwinden kannst.

Eine Freundin, die Verkäuferin ist, sagte mir: „Ich bin richtig erfolgreich, wenn ich das Universum frage: *„Wer sucht nach diesem Produkt?"*

Eine andere Freundin, die ebenfalls im Verkauf arbeitet, sagte mir, dass sie manche Dinge lieber verkauft als andere, weil diese cooler sind, dass sie jedoch verstanden hat, dass dies eine Bewertung ist, und sie nicht wirklich weiß, was der Käufer möchte. Wenn jemand zu ihr kommt und etwas Bestimmtes möchte, kommt ihr sofort ein Artikel in den Sinn, den sie für den besten hält. Wenn der Käufer etwas anderes aussucht, denkt sie: *„Oh nein, das wirst du nicht mögen."* Dann erinnert sie sich jedoch, dass sie dem Käufer erlauben muss, seine eigene Ansicht zu haben und seine eigene Entscheidung zu treffen.

Sehr häufig sind Verkäufer wesentlich vertrauter mit einem Produkt als der Käufer, und sie haben Bewertungen darüber, was am besten für jemanden geeignet ist. Sie entscheiden, was der Käufer haben sollte. Sie denken, sie hätten die Verantwortung, eine Wahl für den Käufer zu treffen, dies ist jedoch ein Irrtum.

Wenn Käufer beschließen, etwas sei für sie perfekt, oder wenn sie das Urteil getroffen haben, das kein anderes Produkt so gut ist wie das, das sie ausgewählt haben, spielt es keine Rolle, ein wie viel besseres Angebot du ihnen machst oder wie großartig ein anderes Produkt ist, sie werden es nie sehen. Mit jedem Beschluss und jedem Urteil, die sie treffen, schneiden sie sich von jeglicher Wahrnehmung der Welt ab.

Was bedeutet dies für dich als Verkäufer? Es bedeutet, dass du in Verbundenheit mit deinem Käufer sein musst. Du musst seine Wünsche respektieren.

Versuchst du, die bestmöglichen Dienstleistungen zu erbringen?

Das gleiche Prinzip gilt, wenn du eine Dienstleistung anbietest. Versuchst du, die bestmöglichen Dienstleistungen zu erbringen? Gibst du jederzeit dein Bestes? Gibst du immer den vollen Wert – und mehr? Auch das ist eine Sache, die sich großartig anhört – aber achtest du darauf, was dein Klient oder dein Kunde möchte? Wenn dein Bestreben, immer das Beste zu geben, dich blind dafür macht, was Leute von dir wollen, leistest du keinen großartigen Dienst.

Ich (Dain) fing mit Access an, als ich als Chiropraktiker arbeitete. Ich praktizierte als Chiropraktiker und meine Arbeit entwickelte sich zu einer ungewöhnlichen Art von Körper- und Energiearbeit, die Leuten sehr viel Veränderung brachte, wenn sie bereit waren, diese zu empfangen. Als ich damit anfing, versuchte ich, so viel Energie wie möglich durch den Körper einer Person zu schicken, um zu beweisen, dass ich wirklich etwas für sie tat. Ich wollte ihr so den Wert meiner Behandlung zeigen. Ich dachte, ich müsste den Preis, den ich verlangte, rechtfertigen und ihnen zeigen, dass sich etwas getan hatte.

Viele von uns haben das gemacht. Wir versuchen den Preis, den wir für unsere Dienste verlangen, zu rechtfertigen, indem wir uns viel zu sehr anstrengen. Ich gab in jeder Sitzung so viel, wie ich nur konnte. Es spielte keine Rolle, ob Leute nur einen Bruchteil empfangen konnten, ich gab immer alles und noch mehr.

Wer trug die Last dessen, was sie nicht empfangen konnten? Ich und mein Körper. Nach einer Sitzung musste ich mich hinlegen, damit mein Körper sich regenerieren konnte. Letzten Endes wurde mir klar, dass nur wenige Menschen bereit waren, die unendlichen Möglichkeiten zu empfangen, die verfügbar sind. Wenige Menschen sind bereit, den Beitrag zu empfangen, den ich bei 100 Prozent gebe.

Ich schnitt mich von meiner eigenen Wahrnehmung dessen ab, wie viel die Menschen empfangen konnten, und ich gab wesentlich mehr, als sie bereit waren zu haben. Als sich meine Art, mit Menschen zu arbeiten, weiterentwickelte, wuchs mein Verständnis für den Umgang mit Energie. Mir wurde letztendlich klar, dass ich Menschen nicht respektiere, wenn diese 5 Prozent empfangen konnten, ich ihnen aber 6 Prozent gab. Tatsächlich ist es eine Geringschätzung dessen, wer die Menschen sind, was sie sind und worum sie mich bitten. Ich versuche, mehr in ihr Universum hineinzustopfen, als sie in der Lage sind zu empfangen. Indem ich 100 Prozent gab, während sie nur 5 Prozent empfangen konnten, habe ich nicht nur meinem Körper geschadet, ich habe sie darüber hinaus an einen Punkt gebracht, an dem sie sich unbehaglich fühlten; so sehr rüttelte ich ihr Universum auf.

Als ich damit begann, nur 5 Prozent zu geben, wurden die Sitzungen viel einfacher und die Leute standen mit Dankbarkeit für das, was ich für sie getan hatte, von der Massageliege auf, statt zu sagen: *„Was um alles in der Welt ist mit mir passiert? Ich möchte das nie wieder durchmachen."* Ihnen 5 Prozent zu geben war auch leichter für meinen Körper, weil es genau das war, worum sie mich baten.

Hast du deine Wahrnehmung, dein Wissen, Sein und Empfangen abgeschnitten, um dir selbst zu beweisen, dass du gute Arbeit leistest? Gibst du wesentlich mehr als notwendig, anstatt zu erkennen, was jemand wirklich empfangen kann?

Ich (Gary) habe mit Leuten gearbeitet, von denen ich wusste, dass ich sie bis zum Mond hätte bringen und ihr gesamtes Leben innerhalb von einer Stunde hätte verändern können, aber alles, was sie wollten, war, ihre Unterwäsche zu wechseln. Letzten Endes verstand ich, dass ich sie so viel Veränderung haben lassen musste, dass sie sich mit der Veränderung wohlfühlten. Dies war alles, was sie haben konnten. Das war es, was sie wollten. Ich lernte, den gleichen Geldbetrag für eine Sitzung zu berechnen, die kleine Veränderungen bewirkte, wie für eine Sitzung, die innerhalb einer Stunde vollkommen lebensverändernd war.

Du willst helfen und du willst zeigen, was du kannst, du musst damit aufhören zu versuchen zu entscheiden, was für jemand anderen richtig ist. Es ist ein ziemlich großer Unterschied, ob du weißt, dass du es kannst, oder ob du beweist, dass du es kannst. Wenn du Leuten etwas gibst, das sie nicht empfangen können, dann versuchst du dir selbst zu beweisen, dass du es kannst. Du weißt nicht einfach nur, dass du es kannst.

Du musst an den Punkt gelangen, an dem du bereit bist zu wissen, wie gut du wirklich bist, und verstehst, dass andere das empfangen können, was sie empfangen können. Wenn du ihnen das gibst, dann werden sie dankbar sein. Häufig geben sie dir mehr Geld für etwas, das nach weniger aussieht, was wirklich eigenartig ist. Du machst bedeutend weniger, als du könntest, und sie geben dir mehr Geld dafür – weil du ihnen genau das gegeben hast, was sie wollten und was sie gebraucht haben.

Es geht nicht darum, die Menge an Veränderung, die jemand erfahren hat, mit der Menge an Geld gleichzusetzen, die du empfängst. In diesem Fall ist Geld wirklich das Nebenprodukt. Ergibt das Sinn?

Die Wahlen von anderen

Jeder hat die Wahl; dies ist etwas über das Universum, das du anerkennen musst. Wenn Menschen es wählen, obdachlos zu sein, dann ist das ihre Wahl. Du kannst das nicht für sie ohne ihre Beteiligung ändern. Erst wenn sie beschließen, dass sie nicht mehr obdachlos sein möchten, dann kannst du etwas verändern.

Das Gleiche gilt für das, was jemand empfangen kann. Leute kommen zu uns und möchten winzig kleine Babyschritte in Access machen. Sie haben eine Sitzung im Monat und nehmen an einem Kurs pro Jahr teil und möchten nicht schneller als so vorankommen. Andere Leute kommen zu uns und sagen: „Ich möchte den Foundation-Kurs und die nächsten drei darauf aufbauenden Kurse und alles andere machen, was ihr habt. Wie schnell ist das möglich? Wie schnell kann ich das haben und was braucht es, um das zu tun? Wie kann ich noch mehr bekommen und warum schreibt ihr keine Bücher? Warum gibt es nicht mehr darüber? Was ist los mit euch und warum gebt ihr mir nicht mehr?" Von diesen Leuten gibt es nur sehr wenige. Sie nehmen alles auf, was man ihnen nur geben kann. Ich (Gary) gebe den Leuten exakt das, was sie empfangen können, weil ich das mit der Zeit gelernt habe. Früher war ich wie Dain, ich versuchte, den Leuten zu beweisen, dass sie alles haben können.

Einmal gab ich jemandem eine Sitzung, nachdem ich einen Kurs gehalten hatte. Anschließend hatten wir ein langes Gespräch darüber, was Erlaubnis wirklich ist, und ich dachte: „*Wie cool. Er hat es wirklich verstanden.*" Doch das Nächste, was aus seinem Mund kam, zeigte, dass er nichts von dem aufgenommen hatte, was ich dachte, ihm an diesem Tag gegeben zu haben. Er hörte, was ich sagte, und ging dann sofort zu seiner alten Funktionsweise zurück, weil er nicht bereit war, diese aufzugeben. Ich nahm an, dass er bereit war, es aufzugeben, weil er bereit war, zuzuhören. Aber die Bereitschaft zuzuhören ist nicht unbedingt der springende Punkt.

Darum ist es so wichtig, eine Frage zu stellen. Wenn du eine Frage stellst, dann findest du genau heraus, was die Leute von dir möchten. Du findest genau heraus, was für sie möglich ist.

Hast du Angestellte?

Hast du Angestellte? Auch sie sind erpicht darauf zu zeigen, wie viel sie tun können. Wenn ich Leute einstelle, um für mich zu arbeiten, frage ich sie immer, was ihre Aufgabe ist. Ich sage ihnen nie, was sie tun müssen. Ich frage sie immer, was sie tun *werden*, und ich bekomme in der Regel zwanzig Mal mehr als das, wofür ich bezahle. Warum ist das so? Weil sie beweisen möchten, wie gut sie sind. Das heißt nicht, dass ich sie übervorteile. Die Leute sind absolut dankbar, wenn sie alles bieten dürfen, was sie bieten können.

Kapitel siebzehn

Einssein und Geschlechterzuordnung

Einssein

Das unendliche Einssein, das wir wirklich haben und sind, ist die Quelle für all das, was wir für Magie halten könnten. Durch das Einssein können wir alle Dinge ohne Bewertung wahrnehmen, wissen, sein und empfangen. Einssein beinhaltet alles und bewertet nichts. Im Einssein bist du bereit, alles auf dem Planeten zu empfangen; du bist mit allem verbunden; du bist totales Empfangen, und es gibt keine Bewertung. Aber sobald du sagst: *„Ich bin dies",* kreierst du eine Begrenzung. Dies geschieht, wenn du Geschlechter zuordnest.

Geschlechterzuordnung ist deine Definition deiner sexuellen Natur und Rolle. Es ist immer eine Bewertung, und es beinhaltet immer, einen Aspekt von dir abzuschneiden, damit du als das dir zugeordnete Geschlecht funktionierst. Sobald du sagst: *„Ich bin ein* *heterosexueller Mann"*, beziehst du dich auf eine Norm, die dann zu einer Quelle von Abgrenzung und Trennung wird. Du schneidest dich von deiner Fähigkeit ab, von allem im Universum zu empfangen. Und das war´s. Du wirst keine Energie von Pflanzen empfangen, du wirst keine Energie von Tieren empfangen. Und du wirst insbesondere keine Energie von anderen Männern empfangen.

Anstatt die Sexualness in jedem anzunehmen, denken wir, wenn wir Geschlechter zuordnen: *„Es ist unangemessen, wenn ich die sexuelle Energie in meiner Tochter oder in meinem gleichgeschlechtlichen Freund oder meiner Mutter oder meinem Bruder sehe, weil dies bedeutet, dass ich schlechte Gedanken habe."* Nein. Ich möchte in der Lage sein, die sexuelle Energie meines männlichen Freundes ebenso zu schätzen wie die einer Frau, einer Katze oder eines Baumes. Du musst in der Lage sein, das Geschenk zu sehen, das jeder Mensch ist, und es ohne Bewertung zu empfangen.

Die Leute missverstehen das manchmal und denken, wir sprächen über Kopulation. Nun, wir kopulieren nicht mit Katzen, wir empfangen jedoch ihre Sexualness. Es ist wichtig, dies zu erkennen, denn nur, weil du die Sexualness oder die sexuelle Energie von jemandem haben kannst, bedeutet das nicht, dass du mit dieser Person ins Bett gehen musst.

Einssein kennt keine Geschlechterzuordnung

Einssein kennt keine Geschlechterzuordnung und keine Bewertung darüber, welches Geschlecht du hast, mit wem du schläfst oder so etwas in der Art. Wenn wir Geschlechterzuordnung betreiben, wie es die meisten von uns auf diesem Planeten tun, dann weisen wir uns selbst bestimmte Charakteristiken zu und wir kreieren Begrenzungen, die auf diesen Charakteristiken beruhen.

Wir sagen: *„Ich bin eine Frau, daher habe ich keine dicken Muskeln. Ich kann keine Dinge hochheben, daher muss ich Männer manipulieren, Sachen für mich zu tun. Ich bin auf die Männer angewiesen, weil ich Dinge nicht selbst tun kann."* Oder wir sagen: *„Ich bin ein Mann. Mein Gehirn ist in meinem Penis und daher bin ich den Frauen ausgeliefert. Ich tue, was auch immer sie wollen."* Geschlechterzuordnung bedeutet, ich bin eine Frau. Ich bekomme die Babys. Ich bin ein Mann. Ich liefere das Sperma für Babys. So oder so ist da Trennung und Begrenzung und keine Bestätigung des Einsseins, das wir wahrhaftig sind.

Wir täuschen auf der Grundlage des Geschlechts vor, wer wir sind

Wir täuschen auf der Grundlage des Geschlechts vor, wer wir sind. *„Ich bin weiblich. Ich bin eine Frau. Das bedeutet _____. Ich bin männlich. Ich bin ein Mann. Das bedeutet _____."* Ist das wirklich, wer wir sind? Nein, selbstverständlich nicht. Kreiert das Abkaufen von Geschlechterzuordnung Begrenzung? Ja, natürlich. Es kreiert unzählige Begrenzungen.

Wir kaufen die Begrenzungen ab, als ob sie die Wahrheit dessen wären, was wir sind, oder wir kaufen die Begrenzungen ab und kämpfen dann gegen sie, um zu beweisen, dass wir durch sie nicht wirklich begrenzt sind. In der Frauenbewegung beispielsweise kämpften die Frauen gegen die Vorstellung, dass sie *nur Frauen* sind. Sie kämpften, um zu zeigen, dass sie etwas Besseres sind. Und Männer, die gegen die Vorstellung ankämpften, dass sie nur darauf aus waren, jemanden flachzulegen, wurden zu SNAGS – Sensitive, New-Age Guys (sensible New-Age-Typen). Nichts von dieser Art des Widerstands oder des Kampfes gibt dir Freiheit.

Mit der Geschlechterzuordnung gehen Regeln, Definitionen und Bewertungen einher, die uns davon abhalten, für uns selbst zu wählen und Leichtigkeit mit den von uns getroffenen Wahlen zu haben, weil die Geschlechterzuordnung nicht das Geringste damit zu tun hat, wer wir wirklich sind. Mit der Geschlechterzuordnung könnte ein Mann, der gerne zu Hause bleiben und auf die Kinder aufpassen würde, Verwirrung hinsichtlich seiner Identität als Mann haben.

Mit der Geschlechterzuordnung schneidest du die Hälfte von dem ab, wer du bist. Du sagst: *„Oh, ich bin ein männlicher Humanoider. Das bedeutet, ich bin kein weiblicher Humanoider. Das bedeutet, ich bin weder eine Stute oder ein Hengst, noch eine weibliche oder männliche Pflanze, noch ein männliches oder weibliches Stück Teppich."* Das, was du sexuell empfängst, basiert auf deiner Geschlechterzuordnung. Du weigerst dich, von allem, was dich umgibt, zu empfangen, weil es nicht zu dem passt, was du beschlossen hast, das du empfangen kannst. Du sagst: *„Ich kann nur von Männern empfangen"*, oder: *„Ich kann nur von Frauen empfangen."* Was wäre, wenn das eine Lüge wäre?

Was wäre, wenn du die Energie von allem im Universum empfangen könntest?

Was wäre, wenn du die Energie aller Pflanzen und Tiere, aller Häuser, aller Stühle, auf denen du sitzt, und allem anderen im Universum empfangen könntest? Was wäre, wenn dein Leben ein ständiger orgastischer Zustand wäre?

Mit deiner Geschlechterzuordnung übereinzustimmen ist, wie alles zu werden, das du nicht bist, und sicherzustellen, dass sich das Einssein, das du bist, niemals zeigt. Lustig, oder? Wie viel deines Lebens ist tatsächlich eine Simulation von Leben anstelle der Wahrheit des Lebens? Hast du dein Leben damit zugebracht zu bewerten, was du nicht bist, das, wenn du es wärst, dir tatsächlich das geben könnte, von dem du denkst, dass du es haben möchtest

– nur, dass du niemals bereit bist, das zu sein, weil das bedeuten würde, dass du all das aufgeben müsstest, was du nicht bist, um all das zu werden, das du bist?

Hast du in Wirklichkeit Angst davor, wer du bist? Du wirst vorgeben, jemand zu sein, du wirst versuchen, jemand zu sein, doch du wirst nicht alles von dir zeigen, weil du sicher bist, dass, wenn du alles herauslassen würdest, etwas schiefgehen würde. Etwas Schreckliches könnte passieren, wenn du dich tatsächlich zeigen würdest. Dieses „etwas Schreckliches" bist du – was weitaus großartiger ist, als du sein möchtest. Hast du jemals bemerkt, wie häufig du dich in deinem Leben so fühlst, als ob du nicht anwesend bist?

Wenn du beispielsweise draußen in der Natur bist, fühlst du dich dann so, als seist du wirklich da? Oder wenn du dich mit einem Freund unterhältst, bist du wirklich da und unterhältst dich? Bedenke, wie viel Energie es braucht, um ein unendliches Wesen, das unendliche Möglichkeiten hat, einzugrenzen und es in dem winzigen kleinen Leben einzusperren, das du deine Realität nennst? Hast du eine Vorstellung davon, wie viel Energie es kostet, dich selbst klein und versteckt zu halten? Niemand sonst kann dir das antun. Erwäge für einen Moment, ob das vielleicht eine dumme und irrsinnige Entscheidung ist. Vielleicht könntest du etwas anderes wählen.

Wenn du dich selbst als männlich oder weiblich definierst, definierst du dich als eine Begrenzung. Du begrenzt, was du sein kannst. Wenn du die Omnisexualness und die Omnipräsenz wärst, die du wahrhaftig bist, wäre dein Geschlecht dann jemals eine Begrenzung? Oder wäre es eine Quelle von Vergnügen und Spaß und würde dir helfen zu bekommen, was du möchtest, und würde dir helfen, dein Leben mehr zu genießen?

Bist du bereit, all die Geschlechterzuordnungen und all den Anschein dessen, was du basierend auf deinem Geschlecht angeblich sein sollst, aufzugeben? Bist du bereit, all diese Begrenzungen zu zerstören und zu unkreieren und stattdessen die Gesamtheit deiner Kraft einzufordern und zu besitzen?

Du bist nicht wirklich das eine oder das andere Geschlecht

Es gibt kein Geschlecht, dass du in irgendeinem Leben nicht warst. Du bist im Moment in der Tat männlich und weiblich. Du agierst mit unterschiedlichen Körpern in unterschiedlichen Dimensionen und Realitäten. Irgendwo in der Zeit bist du immer noch ein Mann oder eine Frau. Erkenne an, dass du, um diese ganze simulierte Realität in Existenz zu halten, dich selbst als nur ein Geschlecht und nicht das andere bezeichnen und dich selbst von jeder Menge Lügen wie Zeit, Raum, Dimensionen und Realitäten überzeugen musst.

Wir sagen nicht, dass du das änderst, zerstören oder unkreieren sollst, wir weisen lediglich darauf hin, dass das, was du hast, keine Wahl zwischen *diesem* oder *jenem* ist. Du hast tatsächlich unendliche Wahl. Hättest du eine andere Beziehung mit einigen deiner weiblichen oder männlichen Freunde, wenn du wirklich von der Ansicht der Wahl und nicht vom Geschlecht aus leben würdest?

Was wir tun möchten, ist, dich zum Einssein, zum Gewahrsein deines Lebens zu bringen, was das ist, von wo aus du Magie kreierst. Wenn du damit anfängst, Gewahrsein für dein Leben zu haben und damit anfängst zu sehen, wie du deine Begrenzungen kreierst, kannst du sie loslassen und etwas anderes kreieren.

Kapitel achtzehn

Dein eigener Wert

Die meisten Menschen verbringen ihr Leben damit zu beweisen, dass sie wertvoll sind, sie sind jedoch nicht bereit, ihren wahren Wert zu sehen. Sie berechnen ihr eigenes Richtig und Falsch, das Schwarz und Weiß, das Positive und das Negative, das Gute, das Böse und das Hässliche. Diese Berechnungen basieren auf einem falschen Verständnis ihrer Selbst.

Es tut uns leid. Was auch immer du im Moment gerade glauben magst, du bist nicht das Gute, das Böse und das Hässliche. Du bist die Präsenz von dir. Du bist das Gewahrsein von dir. Verstehst du den Unterschied zwischen den Berechnungen von dir und dem Gewahrsein von dir? Alles, was erfordert, dass du nach deinem Wert suchst, statt das Gewahrsein von dir zu haben, würdest du das bitte aufheben, widerrufen, auslöschen, zurückfordern, abschwören, aufkündigen und zerstören und unkreieren?

Bist du bereit, das Gewahrsein von dir und deinen Beitrag zu haben?

Einen Tag, nachdem ich (Dain) begann, Access-Kurse mit Gary zu facilitieren, habe ich mich intensiv bewertet und meinen Wert berechnet. Ich war vollkommen von den Socken, wie vollständig Gary die Energie eines Kurses wahrnehmen und ihr folgen konnte, und ich sagte zu ihm:

> „Weißt du, es bringt keinen wirklichen Mehrwert, wenn ich da oben mit dir zusammen unterrichte."
> Er sagte: „Was?"
> Ich sagte: „Ich nehme nicht wahr, dass es von Wert ist, wenn ich den Kurs mit dir co-facilitiere. Vielleicht wäre es wertvoller, wenn du allein facilitieren würdest. Ich weiß, dass du die ganze Energie wahrnehmen kannst."
> Er sagte: „Nein. Ich habe andere Erkenntnisse, wenn du mit mir zusammen da oben bist."
> Ich sagte: „Wovon sprichst du? Ich kann das nicht sehen."
> Er sagte: „Nun, bist du bereit, das Gewahrsein von dir und deinen Beitrag zu haben?"
> Ich sagte: „Nein, überhaupt nicht."
> Er fragte mich erneut: „Bist du bereit, das Gewahrsein von dir und deinen Beitrag zu haben?"
> Und ich sagte erneut: „Nein, überhaupt nicht."

Dann wurde mir klar, dass ich nach meinem Wert suchte. Und was ist Wert? Wert ist immer eine Bewertung. Er ist immer relativ zu etwas anderem. Er ist eine Beziehung und er hat immer eine Bewertung, die damit verbunden ist. Ich fragte mich: *„Wo passe ich in diese Beziehung?"* Bei dieser bestimmten Co-Facilitierung suchte ich nach meinem Wert und das Einzige, was ich finden konnte, war Bewertung.

Ich begann, mich schwer und erbärmlich zu fühlen.

Gary fragte mich: „Was wäre, wenn du ein Gewahrsein dessen hättest, was du beiträgst? Was, wenn du ein Gewahrsein dessen hättest, was gerade vor sich geht?"

Und plötzlich dachte ich: „Oh!", und alles wurde leichter, weil ich damit anfing, nach Gewahrsein zu suchen, anstatt den Wert zu bewerten, den ich hatte oder nicht hatte. Wann immer du nach deinem Wert suchst, gehst du immer in die Bewertung – und ziehst dabei für gewöhnlich den Kürzeren. Du findest negative Referenzpunkte und negative Bewertungen über die eigene Funktionsweise. Wenn du nach deinem Wert suchst, verlierst du das Gewahrsein von dir, und das Gewahrsein deiner Präsenz ist es, was unbeschreiblich wertvoll ist.

Nach deinem Wert zu suchen beinhaltet immer einen Vergleich und du verbringst dein Leben damit, mit allen um dich herum zu konkurrieren. Du beschäftigst dich mit Kalibrierung und Beweis und versuchst ständig zu beweisen, dass du Wert besitzt, anstatt zu wissen, dass du wertvoll bist. Du suchst nach etwas, das du bereits bist. Anstatt deiner selbst gewahr zu sein und zu wissen, dass deine Präsenz und dein Beitrag zum Leben wirklich existieren, suchst du nach deinem Wert. Du versuchst, deinen Wert zu beweisen. 99 Prozent der Menschen versuchen zu beweisen, dass sie nicht das sind, was sie bereits beschlossen haben, das sie sind.

Du bist großartig, so wie du bist

Viele Eltern haben ihren Kindern gegenüber die Haltung: *„Ich weiß, du könntest viel besser sein."* Das versetzt die Kinder in die Lage, beweisen zu müssen, dass sie besser sind, als ihre Eltern es von ihnen denken – was bedeutet, dass sie versuchen, etwas zu beweisen, von dem sie nicht glauben, dass sie es sind.

Wir hätten wirklich gerne, dass Eltern ihren Kindern sagen: „Du bist großartig, so wie du bist." Die meisten Eltern jedoch sagen: *„Nein, du bist nicht großartig, so wie du bist."* Kinder können nicht sehen, dass sie einen Wert haben, insbesondere nicht für ihre eigene Familie.

Das Schlechte daran, ein Kind zu sein, ist, dass du gekommen bist, um deine Eltern glücklich zu machen. Das ist vollkommen unmöglich, weil die meisten Eltern nicht glücklich sein wollen. Hör auf zu versuchen, andere Menschen glücklich zu machen. Du kannst niemanden dazu bringen. Nur sie selbst können das. Hast du dich selbst als Versager bewertet, weil du bei deinen Eltern oder jemand anderem keinen Erfolg hattest? Würdest du all das bitte aufheben, widerrufen, auslöschen, zurückfordern, abschwören, aufkündigen und zerstören und unkreieren?

Wie wäre es, wenn du damit aufhören würdest, dich zu bewerten, und versuchen würdest, deinen Wert zu finden und stattdessen die *Außergewöhnlichkeit* von dir zu erkennen? Nimm an, wir sind ein Testbericht und stufen dich als überragend ein. Wie fühlt sich das an? Leute, die sich überheblich verhalten, fühlen sich in der Tat minderwertig. Davon sprechen wir nicht. *Überlegen* ist das Wissen, dass du das beste Auto da draußen bist; du bist der 645-er BMW und du versuchst nicht, dich selbst zu einem 1964-er VW zu machen. Überlegenheit kommt von einem Gewahrsein deiner selbst, nicht von dem Versuch zu beweisen, dass du Wert hast.

Bitte erkenne, dass du überlegen bist, wenn du mehr Gewahrsein hast. Wenn du gewahr und präsent als du bist, bist du in jeder Hinsicht wahrhaftig überlegen.

Kapitel neunzehn

Zerstöre dich selbst jeden Tag und kreiere dich selbst jeden Tag

Als ich (Gary) dreißig Jahre alt war, ging ich für sechs Monate nach Europa. Niemand kannte mich dort. Ich begegnete jeden Tag neuen Menschen und ich kreierte täglich, wer ich war. Niemand hatte eine Bewertung darüber, wer ich war, die mich festhielt. Zuvor war ich das Kind meiner Eltern, ein Hundebesitzer, jemandes Freund, jemandes Ehemann und jemandes Vater. Aber ich war niemals ich. Wer ist *ich* überhaupt? Wer bin *ich?*

Einen großen Teil deines Lebens identifizierst du dich als das Etwas von jemand anderem, aber nur selten identifizierst du dich als du selbst. Wie viel von dir hast du aus deinem Leben entfernt, um das Etwas von jemand anderem zu sein?

Den meisten von uns ist nicht klar, dass wir keine Vorstellung davon haben, wer wir wirklich sind. Wir verfangen uns in gewissen Identitäten, gewissen Seinsweisen, gewissen Vorstellungen davon, wer wir sein sollten, und das war es dann für den Rest unseres Lebens. Uns ist nicht klar, dass das Ich, für das wir uns halten, eigentlich eine Kreation ist. Was wäre, wenn du dieses Ich zerstören und ein anderes kreieren würdest?

Wenn du entscheidest, dass du nicht von dem aus funktionieren musst, wer oder was du gestern beschlossen hast, das du warst oder nicht warst, oder was du sein oder nicht sein könntest, dann kannst du dich jeden Tag kreieren und dein Leben wird beginnen, die Magie und das Abenteuer der Kreation zu werden.

Die Magie der Zerstörung

Die meisten von uns betrachten Zerstörung nicht als etwas, das die Kraft hat, etwas in die gewünschte Richtung zu bewegen. Wir neigen dazu, Kreation als etwas Positives und Zerstörung als etwas Negatives zu betrachten, doch das ist nicht unbedingt der Fall. Manchmal ist die Zerstörung eine wunderbar positive Kraft.

Wo auch immer wir beschlossen haben, etwas in unserem Leben sei richtig, hören wir auf zu empfangen. Wir entscheiden: *„Dieser Bereich meines Lebens ist gut, ich muss ihm keine Beachtung schenken und ich kann ihn vergessen. "* Sobald wir denken, wir hätten die richtige Beziehung, die richtige Menge an Geld, das richtige Grundstück, den richtigen Lebensstil, das richtige Etwas, neigen wir dazu, abzuschalten. Wir arbeiten nur an dem, was wir für falsch halten, und wir ignorieren das, was wir für richtig halten. Wir denken: *„Okay, das habe ich richtig gemacht. Ich muss nicht mehr daran arbeiten. "* Das klingt vielleicht gut, es kreiert jedoch eine Begrenzung.

Es ist genauso leicht, das Richtige zu zerstören wie das Falsche. Und es ist in der Tat eine großartige Idee. Wenn du alles in deinem Leben jeden Tag zerstörst – wenn du all das zerstörst, was du gestern, letzte Woche oder irgendwann zu sein glaubtest –, dann versetzt dich das jeden Tag deines Lebens in den Zustand der brandneuen Kreation.

Wenn du damit anfängst, diese Dinge zu zerstören, weigerst du dich, von dort aus zu funktionieren, von wo aus du am Vortag funktioniert hast. Es ist einer der leichtesten und effizientesten Wege, um damit zu beginnen, in der Frage zu leben. Du kannst es so angehen: *„Okay, wenn ich heute in diesem Körper, in diesem Alter geboren werden würde, was würde ich wählen? Was würde ich wählen, wenn ich keine Vergangenheit hätte?"*

Du musst all das zerstören, was du an der Vergangenheit bedeutungsvoll, alles, was du real, alles, was du solide gemacht hast, und dich einfach fragen: „Was möchte ich heute? Was wäre wirklich cool, wenn es sich heute zeigen würde?"

Bist du bereit dein Leben zu zerstören, so wie es aktuell existiert?

Bist du bereit dein Leben zu zerstören, so wie es aktuell existiert? Für viele Menschen kann das eine ziemlich beängstigende Frage sein, besonders dann, wenn wir ihnen sagen, dass das, was sie zerstören sollen, die Teile ihres Lebens sind, die sie für richtig halten. Dies sind die Teile, bei denen sich die meisten weigern, sie zu zerstören – es sind jedoch exakt diese Bereiche, die du zerstören musst, damit sich die Magie zeigen kann. Was ist wichtiger? Magisch zu sein oder sicher in dem zu sein, was du für richtig hältst? Wählst du, Magie zu haben und die Richtigkeit deiner Ansichten aufzugeben? Bist du bereit dein Leben zu zerstören, wie es aktuell existiert?

Sage jede Nacht, wenn du zu Bett gehst: *„Alles, was ich glaubte zu sein, und alles, was ich heute kreiert habe, zerstöre und unkreiere ich alles. Ich zerstöre und unkreiere, wer ich heute war."* Dies zu tun bedeutet nicht, dass du deine Talente und Fähigkeiten verlierst. Es bedeutet, dass du die Tür für weitere Talente und größere Fähigkeiten öffnest.

Die Leute sagen Dinge wie: „Ich bin zu alt, um noch einmal neu zu beginnen." Das ist eine festgefahrene Ansicht. Hast du beschlossen, zu alt zu sein, um dich neu zu kreieren? Möchtest du das jetzt aufgeben?

Wenn wir Darsteller coachen, sind die Leute immer erstaunt darüber, wie schnell sie besser werden. Sie brauchen zwei bis fünf Minuten, um bedeutende Veränderungen durchzumachen. Besser zu werden geht sehr schnell. Wie wird das erreicht? Wir arbeiten mit ihnen daran, ihre festgefahrenen Ansichten darüber, was sie dachten, tun zu können, zu zerstören und zu unkreieren. Wenn du deine festgefahrenen Ansichten darüber zerstörst und unkreierst, wer du denkst, sein, tun, haben, kreieren und generieren zu können, dann zeigt sich ein ganz neues Du, das wesentlich großartiger ist als alles, was du jemals für möglich gehalten hast.

Dann fängt das Leben an, Spaß zu machen. Du wachst morgens auf und fragst: „Okay, wer zum Teufel bin ich heute?" Du hast keine Ahnung. Du kannst jeden Tag kreieren, wer du bist. Kannst du dir vorstellen, jeden Tag so aufzuwachen? Wer bin ich heute?

Am Ende jeden Tages kannst du sagen: *„Alles, was ich heute war, zerstöre und unkreiere ich jetzt."* Wenn du morgens aufwachst, kannst du fragen: *„Okay, wer zum Teufel bin ich heute und welche großen und glorreichen Abenteuer werde ich erleben?"* Wenn du das tust, dann machst du dein Leben zum Abenteuer, anstatt zu einer

Tretmühle. Die Eintönigkeit verschwindet, wenn du jeden Abend alles zerstörst und unkreierst und jeden Morgen fragst: *„Okay, wer bin ich heute und welche großen und glorreichen Abenteuer werde ich erleben?"* Du kreierst dich – brandneu.

Morgen bietet die Möglichkeit, noch besser zu sein

Denke daran, am Ende des Tages alles zu zerstören, sowohl an großartigen als auch an beschissenen Tagen. Mache dir klar, dass *großartig* und *schlecht* Bewertungen sind – dies ist eine Geschichte für ein anders Mal – doch ungeachtet dessen, was der Tag für dich war, zerstöre ihn. Wenn du dich am Ende eines großartigen Tages zerstörst, hat der nächste Tag die Möglichkeit, noch großartiger zu werden.

Ein Hinweis
für den Leser

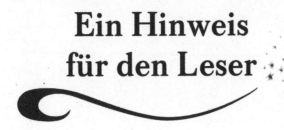

Access ist ein Energietransformationsprogramm, das bewährte Weisheiten, altes Wissen und gechannelte Energien mit hochmodernen Motivationswerkzeugen verbindet. Sein Zweck ist, dich zu befreien, indem du Zugang zu deinem wahrhaftigsten und höchsten Selbst bekommst.

Die in diesem Buch vorgestellten Informationen, Werkzeuge und Techniken sind nur ein kleiner Vorgeschmack auf das, was Access zu bieten hat. Es gibt ein ganzes Universum von Access-Prozessen und -Kursen.

Wenn es Bereiche in deinem Leben gibt, die du nicht so zum Laufen bringst, wie du weißt, dass sie laufen könnten, könnte die Teilnahme an einem Access-Kurs oder einem Access-Seminar interessant für dich sein, oder du kannst dir einen Access-Facilitator suchen, der mit dir daran arbeiten kann, mehr Klarheit bei Themen zu haben, die du nicht in den Griff kriegst. Access-Prozesse werden mit qualifizierten Facilitatoren durchgeführt und basieren auf deiner Energie und der Energie der Person, mit der du arbeitest.

Für weitere Informationen besuche:
www.accessconsciousness.com

Glossar

Bars

Die Bars sind ein Handauflegeprozess von Access, bei dem Kontaktpunkte am Kopf sanft berührt werden, die mit verschiedenen Bereichen deines Lebens in Verbindung stehen. Es gibt Punkte für Freude, Traurigkeit, Körper und Sexualität, Gewahrsein, Güte, Dankbarkeit, Frieden und Ruhe. Es gibt sogar einen Bars-Punkt für Geld. Die Punkte werden Bars genannt, weil diese Riegel (Bars) von der einen Seite des Kopfes zur anderen verlaufen.

Clearing Statement (POD/POC)

Das Clearing Statement, das wir bei Access verwenden, lautet: Right and wrong, good and bad, POD, POC, all nine, shorts, boys and beyonds.®

Right and wrong, good and bad (Richtig und falsch, gut und böse) ist eine Abkürzung für: Was ist daran gut, perfekt und korrekt? Was ist daran falsch, gemein, bösartig, schrecklich, schlecht und furchtbar? Was ist richtig und falsch, gut und böse?

POC (Point of creation) ist der Punkt der Kreation von Gedanken, Gefühlen und Emotionen, die dem unmittelbar vorausgehen, was du beschlossen hast.

POD (Point of destruction) ist der Punkt der Zerstörung, der dem unmittelbar vorausgeht, was du beschlossen hast. Es ist, als würde man die unterste Karte aus dem Kartenhaus herausziehen. Das ganze Ding fällt in sich zusammen.

All nine (alle neun) steht für neun Lagen Mist, die abgetragen wurden. Irgendwo in diesen neun Lagen muss sich ein Pony befinden, ohne die Hilfe des Ponys hätte sich nicht so viel Mist an einer Stelle anhäufen können. Es ist Mist, den du selbst generierst, das ist das Blöde daran.

Shorts (kurz) ist die Kurzversion von: Was daran ist von Bedeutung? Was hat keine Bedeutung? Was ist die Strafe dafür? Was ist die Belohnung dafür?

Boys (Jungs) steht für geschlossene Sphären. Hast du jemals einen Seifenblasenring gesehen? Du pustest hinein und kreierst jede Menge Blasen. Du lässt eine Blase zerplatzen und sie wird gleich von den nächsten Blasen ersetzt, die den Raum füllen.

Beyonds (Schrecken) sind Gefühle oder Empfindungen, die dein Herz, deinen Atem oder deine Bereitschaft, Möglichkeiten zu sehen, stoppen. Es ist, als ob dein Business rote Zahlen schreibt und du einen weiteren endgültigen Bescheid bekommst und sagst: „Argh!" Damit hattest du jetzt nicht gerechnet.

Manchmal sagen wir, anstatt, das ganze Clearing Statement zu sagen, einfach nur: „PODe und POCe es."

Sein – als unkonjugiertes Verb (englisch: be)
Bei Access Consciousness wird dieses Wort verwendet, um dich, das unendliche Wesen, das du wirklich *be* (sein), zu bezeichnen, im Gegensatz zur konstruierten Ansicht darüber, was du glaubst, dass du *bist*. (A. d. Ü.: Da diese Unterscheidung im Deutschen nicht in einer grammatisch verständlichen Form wiedergegeben werden kann, dient diese Anmerkung nur der Information.)